高绩效
团体教练

[美] 詹妮弗·J. 布里顿（Jennifer J. Britton）—— 著

李振山 —— 译

EFFECTIVE
GROUP COACHING

Tried and Tested Tools and Resources
for Optimum Group Coaching Results

华夏出版社
HUAXIA PUBLISHING HOUSE

谨以此书献给全世界致力精进技艺的团体教练和团体引导者们。

也献给我曾有幸与之共同工作和学习过的所有团体成员。

当然，也献给马修（Mattew）、安德烈（Andray）和我的父母，没有他们的支持本书不可能出版。

团体教练是学习成长的绝佳模式

当今 VUCA 时代，政治、社会、经济和技术等要素相互作用，组织和企业的环境风起云涌、变化无常。面对这种情形，无论是个人、团队还是组织都在面对严峻挑战：如何有效学习以获得不断创新和快速发展的机会？教练整合人类实践和智慧，深入发掘个人和团队潜力并提升绩效，最终实现目标和梦想。这种有效模式已经成为应对困境和挑战的最有效的途径。据国际教练联合会（ICF）统计：在企业中，个人教练的投资回报率超越平均值 3 ~ 4 倍，而团队教练的投资回报率超越平均值了 6 ~ 7 倍，甚至有些竟达到了惊人的 50 倍。

众所周知，个人教练一般是一对一的形式，教练周期颇长且费用居高不下，这并不是众多普通人士可以轻易获得的日常服务。所以，无论是社会还是企业内部建立的各种学习、互助小组，如私董会、读书会等，都需要一种能够吸纳一对一教练中的深入度、有效性和目标感，又能兼顾团体教练有分享、善沟通和实现集思广益的结果，同时还能够大幅度降低成本和费用的模式，以"多快好省"地推动大家或组织持续学习、成长和变革，在这种情况下，团体教练应运而生，方兴未艾。

曾经有一个国内知名医药企业，为了上市开始整合资源、快速扩张，但人才欠缺成为发展瓶颈。老板和十多位核心高管学习库泽斯和波斯纳所著《领导力》后，又号召大家共同学习这本书的姊妹篇《培养卓越领导者的教练指南》一书，因为我是这本书的译者，就被邀请作为教练参与并带领他们的读书会。在第一次读书会中，大家提出的主题是分享自己现实面对的最大挑战。其中一位于总说他们团队最需要的是共启愿景，把大家的思想统一起来，否则一盘散沙，无法完成企业绩效目标；而另一位郭总则声称他现在最头疼的是如何平衡好工作和生活的关系，否则作为团队核心成员在长期"996"的情况下，家庭关系已经出现了严重的问题。面对这几种情况，我就用团体教练的形式设计读书会，后期我跟踪于总的营销团队一起探索愿景，采用的也是团体教练的形式。

冯仑曾经说过：成功的三个要素是"走正路，学先进，傍大款"。我们作为国内第一家引进 ICF 国际教练认证体系的教练机构，一直以来就把学习国外先进理论和经验放在非常重要的位置，至今我们带领很多业内教练，已经引进并翻译了 20 本教练经典译著，涉及到教练的多个领域。当我们认识到市场有团体教练的强烈需求且国内尚无一本相关书籍时，就精心挑选了这本在国外颇有影响力的经典书籍，并得到华夏出版社的朱悦主任和马颖老师的大力支持。如今本书中文版即将面世，我内心充满了喜悦。

概括起来，本书有以下几点特色：

1. 理论联系实际。本书把理论融入具体的案例当中，让大家明白团体教练的内涵和外延，也厘清了这种教练形式和引导、培训等形式的不同之处，更有助于掌握团体教练的精髓。

2. 案例丰富，非常实用。本书不但有世界各地、各行各业的大量案例供大家参考学习，而且还给出实际操作的各种表格、流程和方案，读完即可应用，简直就是一本团体教练精致的实操手册。

3. 解决行业时弊，商业感强。对于各类教练而言，如何让客户接受教练服务，从而体现教练的商业价值，一直是作为教练这类专业人士的薄弱之处。而本书第八章则把市场营销单列出来作为重点，无疑体现了作者在行业里多年摸爬滚打后的老道和贴心。

我相信，填补国内教练领域空白的这本佳作，一定会给众多教练、企业管理者和团体工作者带来福音，最终助推国内教练事业的蓬勃与发展，卓越人士的学习与进步，各类组织、企业的繁荣与昌盛。

在本书的翻译和出版过程中，译者辛勤付出、一丝不苟，我的助理孙云星也做了大量协调工作，出版社的多位编辑也投入很多心血，在此一并表示衷心的感谢。

黄学焦

加瓦教练学院创始人、董事长

国际教练联合会北京分会前会长

目录

致谢

因为团体教练的成功不能全部归功于教练，还要归功于团体成员的经验和智慧，所以在此我非常感谢让此书得以出版的所有人。

首先，我要感谢团体教练们，因为他们无私地分享了他们在团体教练领域的洞见和经验。我要感谢的有：玛丽·艾伦（Mary Allen）、金格尔·科克汉姆（Ginger Cockerham）、莫林·克拉克（Maureen Clarke）、安·迪顿（Ann Deaton）、苏西·艾伯林（Suzee Eibling）、艾娃·葛瑞戈利（Eva Gregory）、蒂娜·科尔伯特（Deena Kolbert）、吉尔·麦克法迪恩（Jill MacFadyen）、海蒂·米歇尔（Heidi Michaels）、琳达·蒙克（Lynda Monk）、马洛·尼基拉（Marlo Nikkila）和丽塔·维斯（Rita Weiss）。

我还要感谢"团体教练要素"项目的校友群，自从2006年1月启动这个项目以来，我非常荣幸地能够与上百位来自全世界的天才教练共同工作，他们提出的问题、发表的评论以及与客户之间的沟通已经构成了本书的大部分内容。更为重要的是，他们的工作仍在持续影响着他们的客户和他们身边的社群。

同样，我还要感谢身在多伦多的约翰·威利（John Wiley）出版团队，是他们让本书的出版过程如此顺利。我要感谢我的编辑唐·洛尼（Don Loney）以及营销团队，在他们身上发现慕斯科卡（Muskoka）式的连接一点也不惊奇。

我还要感谢我的好帮手——安德烈和我们的儿子马修，以及我的父母玛格丽特（Margaret）和格兰德（Grant），他们不仅审阅了本书的草稿，而且在我无数次关上房门转头扎进团体教练项目和本书的写作中时，他们始终给我强有力的支持。非常感谢他们的理解和支持。

从职业生涯的角度来看，我非常荣幸能够在过去的20多年里遇见这么多出色的人，他们分别来自培训、教育、人权和教练等领域。我要特别感谢我的团体教练伙伴莎伦·米勒（Sharon Miller）和盖尔·麦奎尔（Gail McGuire）。盖尔·麦奎尔是一位伟大的合伙人，是我在多伦多 UNDP/UNV、VSO 和 YCI 时的前同事，我们共同创造了一份伟大的事业。无论我们之间的对话是发生在候机室、飞机上、沙滩上还是电话中，我都非常感谢他能够与我分享自己的智慧和旅程，让我能够持续地学习和成长。

詹妮弗·J. 布里顿

2009 年 9 月于多伦多

引言

在过去几年中，现实的经济状况和客户需求已经促使团体教练成为教练这个专业领域中发展最为迅速的一部分。在经历了前期的适应阶段之后，团体教练正在逐渐地被教练和客户、组织和个人所认可，成为教练领域中的一个分支。

近年来，已有少量关于团体教练经验和基本技能的作品出版。本书的宗旨是将一些团体教练的核心内容传递到教练和团体引导师的手中，例如团体教练的定义、核心技能、最佳实践，以及在现实工作中如何设计、营销和发起属于自己的团体教练项目。

本书介绍了团体教练理论和实操方面的内容，即什么是团体教练，它与一对一教练和培训之间有什么区别，以及教练/引导师在开发、实施和营销团体教练项目时可以随手使用的小技巧和资源。本书的亮点还包括一些教练的案例研究，他们广泛地与团体合作，案例的主题亦因此丰富多样。

本书通过可操作的、资源丰富的视角来看待团体教练，把它视为教练领域中成长最为迅速的部分。组织、社团和个人已逐渐发觉，对于学习和成长来说，团体教练是一个可持续的、令人兴奋的模式和过程。

对于有心涉足这个领域的教练（包括内部教练和外部教练）、人力资源专业人士、培训师和引导师来说，本书提供了经验证了的技巧和工具。大家将会发现本书就是一个实操路线图，能够为设计、实施和营销团体教练项目提供详细的指导。

在20世纪80年代后期，当我成为一名户外体验教育者和领导者后，团体就成为我的激情所在。我在团体工作方面蓬勃发展了很多年，涉及引导、培训和绩效提升领域，并且成了国际发展部的一名经理和负责人，所以通常是由我来决定团队的发展方向。从1988年至今，我实施完成的团体项目已经横跨了

16 个国家，而且接触更多的是虚拟团体。

我作为专业教练涉足教练行业是在 2003 年，那时我惊讶地发现教练技术在团体中的应用尚未广泛流行。事实上，在 2005 年我获得教练认证证书时，团体教练的小时数还不被允许计入认证当中。为了追逐我的激情——团体，也为了运用小型团体发展过程和引导方面的技能和专业知识，我成为推进这项工作的先行者之一。从 2004 年开始，通过团体教练要素项目，我已经支持了上百位渴望启动团体教练项目的教练。现在，团体教练已经成为教练的主流。

现在越来越多的教练对团体教练是什么以及会如何影响世界各抒己见，所以我听取了一些教练的意见并将其收录于书中。我非常有幸地邀请到了团体教练领域的其他意见领袖和先行者——大师级认证教练（Master Certified Coach，MCC）金格尔·科克汉姆、专业级认证教练（Professional Certified Coach，PCC）苏西·艾伯林、MCC 玛丽·艾伦、MCC 艾娃·葛瑞戈利，以及几位在诸多领域和主题方面有所突破的顶级执行师，包括专业级共创式认证教练（Certified Professional CO-Active Coach，CPCC）和组织系统与关系认证教练（Organizational and Relationship Systems Certified Coach，ORSCC）蒂娜·科尔伯特、CPCC 莫林·克拉克、CPCC 琳达·蒙克、助理认证教练（Associate Certified Coach，ACC）吉尔·麦克法迪恩、CPCC 费茨·米尔格姆、PCC 安·迪顿、马洛·尼基拉、丽塔·维斯。

当你阅读本书时，你会注意到我经常在一些术语之间进行转换，包括参与者和客户，教练和引导师。毫无疑问，团体教练在培训、引导以及小型团体发展领域都有很深厚的基础。

我鼓励你全然地投入到本书当中——将行动落地，做书上的练习，而且在阅读过程中为自己设定一些任务。

我们的路线图

本书通篇都会有很多各种各样的"聚光灯下"和"现场之声"，这些都是聚焦于团体教练的真实经验和真诚的意见。本书强调的是实践策略，具体讲述什么有效以及想要成功实施一个团体教练项目需要什么。团体教练可以从线下到线上，从公众项目到适合小企业主、社团和经理们的项目。

本书前面几章介绍的是团体教练的背景。第 1 章将会提供一些基本信息，例如：团体教练是什么？它是如何定义的？如何与一对一教练、心理咨询、工作坊和引导进行区分？相同点是什么？这一章还包含了关于团体持续发展过程的讨论，以便阐明不同学科之间的异同。

教练不会发生在真空之中。越来越多的个人客户、企业客户和资助方都在问："为什么这项工作如此重要？它真正会产生什么影响？"所以第 2 章的着重点是"团体教练的商业案例和学习案例"。

成人教育的核心原则、学习风格、体验式教育和团体发展过程构成了团体教练工作的基础，所以第 3 章着重介绍"团体教练基础——成人学习要素"。除了与大家温习理论以外，该章还会针对这些主题提供一些新的洞察。

教练和其他的执行师都渴望不用从零开始学习，所以第 4 章重点介绍"团体教练的核心技能和最佳实践"。在该章中，我们还会了解到其他团体教练在不同领域的最佳实践。

后面几章为大家介绍的是实操方面的练习、工具和模板，以帮助大家设计、营销和实施团体教练项目。

很多教练对教练项目有诸多好的想法，但是他们却不知道如何将愿景变成现实。第 5 章重点介绍"设计属于你自己的团体教练项目"，其中介绍了若干核心工具和设计方法以及团体教练设计矩阵。

团体教练可以面对面进行，也可以在电话中和在网络上进行，所以第 6 章将探索"强大的交付方式"，包括通过电话和网络实施的线上交付方式。该章还介绍了一个简短的自评估，来帮助大家检视线上工作的准备情况。

第 7 章探讨的是"团体教练项目的重要元素"，包括你想要添加到工具箱中的核心内容、团体教练的问题以及相关资源。该章还介绍了其他教练在团体教练领域所获得的教训。

第 8 章探讨的是一个至关重要的话题——团体教练项目的营销。如果没有客户在电话的另一端或者站在你的面前，那么你就失去了团体教练中最重要的部分。该章介绍了营销的 7 个核心内容，包括基本的营销原则，宣告你的利基，开发一条强有力的广告语，建立营销策略和方案等。针对企业进行团体教练营销时需要特别考虑的内容也包含在该章中。

第 9 章探讨的是"项目准备——系统和后勤安排"，涵盖了核心的商务和项目管理系统，而它们将会引领整个项目过程——从设计到营销、注册、实施和评估，同时使你的工作更加顺畅。该章还包括了重要的后勤安排小技巧和团体教练检核表。

教练们常常期待从过往的团体教练工作中获得经验，然后避开可能会出现的坑。第 10 章所探讨的就是项目实施小技巧和可能出现的坑，以便大家在团体教练项目中得以避免。该章也包括了团体教练所面临的挑战和来自这一领域其他教练的一些建议。

如果本书没有囊括团体教练的练习活动，那么这本书就是不完整的，所以在附录中我安排了一个迷你练习工具包，让教练和执行师能够借此调整自己的团体教练项目。

有兴趣与合作伙伴共同完成团体教练项目的教练或共创引导师，可以登录 http://www. groupcoachingessentials.com 网站下载"共同引导"章节。

本书只是丰富多彩的团体教练领域的一个起点，你可以通过访问 http://groupcoaching.blogspot.com 网站，将你的意见添加到全世界团体教练丰富多彩的蓝图之中。

第 1 章

什么是团体教练

太上，下知有之，其次，亲而誉之；其次畏之，其次侮之。信不足焉，有不信焉。悠兮，其贵言，功成事遂，百姓皆谓我自然。

——老子

背　景

目前，教练行业每年创造大约 15 亿美元的营收，因此团体教练也随之获得了快速发展。2008 年的经济危机也促进了团体教练的持续显著发展。

团体教练还是一个崭新的职业。国际教练联合会（International Coach Federation,ICF）的全球教练调查报告显示，全球大约有 30 000 名比较活跃的教练，但是其中大部分教练的从业时间都少于 10 年。其中 58.1% 的教练表示他们所专注的领域是领导力，57.8% 的教练表示他们所专注的领域是执行力，53.6% 的教练表示他们所专注的领域是商业或组织话题。

2007 年，美国在组织内的员工学习和发展上花费了 1 393.9 亿美元，其中 2/3 即 929.3 亿美元被用于内部的学习发展，包括员工的工资和内部培训等；1/3 即 464.6 亿美元被用于外部的工作坊和培训等。

我们将在本章探讨的内容有：

1. 团体教练适合你吗？
2. 团体教练的交付形式。
3. 团体教练是线上的还是线下的？是面向公司的还是面向公众的？
4. 为什么现在团体教练显得更加重要了呢？
5. 团体的持续发展过程：从教练到培训，再到引导和静修。
6. 团体教练的作用有哪些？

阅读此书时，你能够看见并了解团体教练的工作以及他们与客户的故事。

什么是团体教练

团体教练融合了团体发展、教练和引导领域的原则、技能和实践。对于团体教练，我们可以进行如下定义：

> 团体教练是一个团体发展过程，在这个过程中，教练运用教练技能帮助团体成员达成个人的生活目标或是职业发展目标，或达到更好的自我觉察。团体教练可以有话题主线，也可以没有。
>
> ——詹妮弗·布里顿（环境学硕士、认证行为绩效专家、专业认证共创式教练、潜能实现创始人）

团体力量的创始人——MCC 金格尔·科克汉姆对团体教练的定义是：

> **由教练引领的团体教练过程，旨在通过参与者的能量、经验和智慧的最大化融合来达成组织目标或者个人目标。**

团体教练运用了教练的过程框架和核心技能，同时采用了一些引导和培训方面的技术和方法。

ICF 将教练定义为"教练在激发思维和创新的过程中陪伴客户，并最大化地激发他们自身和职业方面的潜能"，而且"教练过程让客户成为他们自己生活和工作领域的专家，并且相信每一位客户都是有创造力的、资源富足的和完整的"。所以教练的职责包括：

· 发现客户想要达成的目标是什么，并进行阐明和确认；

· 鼓励客户自我探索；

· 将客户提出的解决方案和策略变得更加清晰；

· 让客户自己承担责任。

资料来源：www.coachfederation.com/ nd-a-coach/what-is-coaching。

在过去的 20 多年当中，我在与团体成员共同学习时曾经使用过一系列的头衔，如经理人、引导师、培训师、教练和绩效提升专家等。在过去的 6 年里，我将教练和其他方法融合之后，发现它给我的工作带来了深远的影响，并且我通过支持上百位教练掌握团体教练技能，总结出了优秀团体教练的核心技能和方法。

我相信，优秀的团体教练具备扎实和专业的团体引导技能，以及精湛的教练技能。他们能够与团体成员之间建立稳固且亲密的连接，聆听参与者最强烈的需要是什么，而团体成员所关心的议题显然能够得到教练的重视。优秀的团体教练会根据客户的不同需要调整自己的风格与方法，创造一个能够让客户彼此学习和分享经验的空间。这一点在团体教练过程中极其重要。

最为重要的是，团体教练们能够将自己与其他的团体引导师区别开来，因为他们更加关注让客户自己设定目标并为之采取行动。团体教练的第一条原则就是：为客户创造一个空间，让他们自己为达成目标的行动承担责任，并且能够将学习收获融入自己真实的生活与工作当中。将学习和生活紧密结合这一点是我几年前选择教练工作的原因，也是促使我继续从事教练工作的主要动力。

在本章后面的内容中我们可以看到，团体教练会随着团体的发展而持续发展，包括培训（工作坊、脱岗培训）、引导和其他团体过程方法。团体教练会发现，随着团体的持续发展，他们将处在不同的位置上，而具体在什么位置上，受客户的需求影响很大。有些团体教练项目可能是更纯粹的教练。团体发展的持续是最基本的原则，这个我们将在本书中不断地强调回顾。

团体教练形式多样

苏西·艾伯林是 U 型团体教练特别兴趣小组（Special Interest Group，SIG）的协调员，她在接受采访时评论，目前教练领域的强大多样性给个人教练和团体教练带来了影响。在本书中，你能直接了解到十几位教练所讲述的他们的团体教练方式、有价值的洞见以及他们的工作如此成功的原因。"聚光灯下"这一部分中还包含了团体教练们的一些最佳实践和评论。

团体教练在大型公司、小型商业团体、政府机构以及普通公众当中均可开展，成员之间有的是亲密者，有的是临时走到一起的陌生人。团体教练已经在北美扎下了深厚的根基，现在正在向欧洲和澳大利亚扩展。

无论团体教练的主题是什么，团体教练都可以很简单地分为线下形式或线上形式。本书第 6 章将就线上的团体教练需要考虑哪些方面为您提供更多的信息。

团体教练看起来像什么

你可能已经猜到了，团体教练能够采用多种形式。团体教练的形式就像客户的需求和喜好一样多种多样。

我们会在本书中探讨一些案例，包括线下的和线上的（通过电话或网络进行）案例。我们还会探讨一些追求实现组织目标的教练项目，以及市场化的面向公众团体临时组织的教练项目。

线下项目

线下项目可能包括：

- 每周一个小时针对特定话题的团体教练活动，具体可以根据不同的参与者灵活安排；
- 在几周或几个月内完成的一个总时长为 6 小时的团体教练活动，这个活动的规模比较小（例如每次一个小时）、针对同一群体的参与者；
- 一个晚上的团体教练活动；
- 1 ～ 5 天的高强度团体教练活动。

经验之谈：女企业家线下教练

这是我最喜欢的团体教练项目之一，也是我亲自开发和交付的针对小企业主的系列团体教练项目。在几年之前，我被邀请参加一个为期 9 个月、由政府提供资助、专门针对新晋女企业家的项目。我负责开始两周内的项目启动部分。在连续的 10 个工作日里，我与这些女士每天共同完成一个 3 小时的团体教练。

项目协调人邀请我来启动这个为期 9 个月的高强度项目，目的是运用团体教练给团体成员打好积极正向的学习基础。我们通过团体教练，花费 30 个小时创立并完成了一个非常给力的商业发展项目。在这两周里，我和女企业家们共同探讨了优势、价值、生命平衡论、工作和生活平衡、时间管理以及核心的事业问题，例如事业的愿景和策划等。由于我获得了项目协调人的全权委托，所以能够真正更加广泛地运用各种教练方法和工具。我们开展了小组讨论和大组讨论，运用了评估和视觉化。我们一直保持在正确的方向上。每天下午，我都会使用上午结束时遗留下来的问题和优先议题来设计下一个过程。在每个过程结束以及第二天早上登记时，团体成员们给出的反馈都反复为我们指明了下一个主题。

这段经历让我能够真正分清楚培训和教练之间的不同，也让我有机会在小团体的环境中尝试很多的核心教练工具。回顾过往的 4 年，这些女士当中有超过 90% 的人依旧是自雇人士，比全社会自雇人士比例的统计平均值高出很多。

事实上，在与两个独立的女企业家团体共同工作之后，我对商学院学员的团体教练课程内容做出了很多调整。这段经历也给为期 90 天的成功商业团体教练项目奠定了基础。目前每个季度我都会通过线上的形式为全球的企业主提供这一课程。

那么其他教练在线下团体教练中都做些什么呢？

聚光灯下：
吉尔·麦克法迪恩（工业关系学硕士、助理级教练）
（www.careercoachjill.com）

吉尔·麦克法迪恩是一名职业生涯教练。关于在非营利领域开展团体教练，她做出了如下评论：

我开发了一个两天的线下团体教练项目，主题是如何找到新工作。它涉及如何处理过渡期，确定价值观，展望未来，编写简历，掌握找工作的技巧，写求职信，了解网络工作，掌握面试和薪资协商技巧。这个项目具有很强的互动性和活力，每天都是从 9:00 持续到 16:30。如果理想一些的话，最好是在两天之间能够有一周的间隔。

我也会针对上述话题开展一个两小时的线下团体教练项目。

珍妮：您的参与者／客户都是谁呢？他们最看重您项目中的什么？

吉尔：我的客户是当地的非营利机构。参与者是一些正在寻找新工作的人，他们往往是被辞退的。从个人层面来讲，一些参与者认为参加这个项目之后，他们会更加有力量感和活力。

珍妮：这个项目的成功之处有哪些？

吉尔：客户发展了他们应聘的技能。在项目开展过程中，我们会通过练习来提升自信，促使曾经一成不变的人们学会重新赋能的技巧并开始找工作。

线上项目

除了线下项目，很多教练也开发了线上的团体教练项目，他们通过电话或网络让全世界的客户参与进来。线上项目包括：

· 一次性的电话团体教练；

· 每次 1 ~ 1.5 小时、每个月一次的电话团体教练，每次参加的人相同；

· 每周一次、每次 1 小时、为期 6 周的电话团体教练，参与者共 8 个人，他们将围绕同一个话题接受团体教练；

· 每两周一次、为期 12 周的项目，每两周制定一次工作议题；

· 为期 90 天的项目，通过电话团体教练和邮件提供支持；

· 混合形式的项目，每月两次的电话团体教练，在此期间有一次个人的一对一电话教练。

经验之谈——线上教练的需求

在我开始教练事业一年之后，我的儿子降生了。我很快意识到，我不想再继续出门去给当地的或者世界各地的团体实施团体教练了。与此同时，为了养活这个逐渐扩大的家庭，我需要有一份收入。仅此一点就足以促使我去思考如何将线下服务转变为线上服务。当时我主要是围绕工作与生活的平衡、领导力、培训及事业发展的话题开展教练。在将所有的线下服务转换成线上服务的头一年里，我是非常辛苦的。也正是在这个试错过程中获得的经验构成了本书的大部分内容。

通过阅读本书，你将会了解到，团体教练是一种连接全世界客户的强有力方式。对于曾经身为全球经理人的我来说，没有什么比看到来自五六个不同国家或不同时区的人们，参与到同一个电话团体教练当中更令人兴奋的了。各种各样的观点、洞见以及"啊哈"的惊讶声是我们在线下环境中通过相同的努力无法创造的。

聚光灯下：
维多利亚·费茨·米尔格姆（Victoria Fitts Milgrim，专业认证共创式教练）
（www.truelifecoach.net）

"主权圈"是一个为期 6 个月的团体教练项目，它包括每 2 个月一次的团体教练和每 1 个月一次的 30 分钟个人教练。如果需要完整的信息，请登录 www.truelifecoach.net/sovcircles.htm 查阅。

珍妮：您的客户都是些什么人？对于您的项目，他们最看重的是什么？

维多利亚：到目前为止，我的客户都是女性。她们希望通过寻找工具来提升自我认知、自我关爱和生活水平，最终成为自己生活的主宰。我相信她们看重的是以下几点：

- 我提供的教练工具能够帮助她们发现自己到底是谁；
- 与他人的连接——在"镜子"中看见自己；
- 清楚她们的内在障碍，并弄清楚如何跨越障碍。

珍妮：对于团体教练，您最成功的是什么？

维多利亚：在"主权圈"方面，我觉得自己的成功之处是为大家创造了一个可接受的、安全的和友爱的空间，这使人们有机会尝试新的存在状态和行为模式。在这一过程中，我看到了客户的成长，看到了她们在这个空间里面变得更加自信，并且朝着她们自己的目标迈出了坚实的步伐。当我创造出了一个有助于她们成长的学习空间，能够让她们与真实的自己进行对标时，我就成功了。

珍妮：如果您愿意与其他教练分享一个最有价值的经验（或者是您最看重的经验），那会是什么？

维多利亚：尽可能多地设计一些团体互动、彼此聆听和相互连接的环节，即使在策划好的电话教练活动之外也可以这么做。所有这些都是为了鼓励参与者彼此更加信任和开放，也让电话教练更加生动和开放。人们在感受到安全时就会变得透明坦诚，就能够摘掉他们的面纱。

公众项目和企业项目

在本书中我想说明的另一点是，团体成员可以是来自同一家企业的，也可以是由一开始互不相识的陌生人组成的。我称这样的团体为公众团体。

团体教练在企业内正变得越来越流行，因为团体教练项目的成本低于传统的一对一教练。它能够让更多的员工参与进来，具备产生更大影响力的潜力。

我们将在第 2 章里面看到，团体教练可以增强企业的内部能力，也是塑造和改变企业文化的一个重要工具。

在企业内，团体教练的典型做法是从同一企业的不同部门挑选员工来参加，让员工们有机会一起分享经验和共同学习。由这个跨职能、多专业的团体所共创出来的全新的集体智慧，具备在企业内和行业内产生重大变革的潜力。

企业团体教练

 聚光灯下：
顶点咨询的丽塔·维斯

目前我正在开展的 3 个团体教练项目的客户是企业领导人、经理人和专业的商务人士。这 3 个项目的名称如下：

1. 在充满不确定和变革的时代保持繁荣。

2. 你下一步准备做什么？创造你的成功之路。

3. 领导力与文化：通过运用多样化的领导力来达成目标。

我提供 3 个月和 6 个月两种周期的项目，并且都能通过线下或线上（电话）完成。总体来说，我的客户开始会选择 3 个月的项目，之后有 50% 的客户会继续下一阶段为期 3 个月的项目。目前我的团体教练客户几乎都要求线下见面，而且通常企业客户对线下见面的要求会更加强烈。

目前我正在开展的一个项目，参与者都是企业、政府、教育机构的高级领导者，包括重要政府机构的高级领导、私立学院的高级行政管理者以及企业的领导人和高潜经理们。

我的客户们告诉我，他们最看重的是以下几点：

· 有机会从战略的角度思考问题和挑战，并且制定出长期的战略规划。

· 收获大量给人以信心的反馈。

·在与大家分享自己的想法的同时向他们学习。

·确定达成目标的新方法，同时建立更好的关系。

成功案例分享：

1. 我曾经提供过为期 3 个月的团体教练项目，客户是一家重要公共事业公司的高级领导。项目一开始进行时，团体里面存在着非常强烈的不协作现象以及根深蒂固的竖井效应，而且副总裁（Vice-President，VP）之间缺乏尊重。接受了团体教练之后，他们非常欣赏协作的价值，非常积极地通过协作来解决问题，同时很好地达成了个人目标、团体目标和组织目标。

2. 我在一家全球医药公司完成了一个为期 6 个月的团体教练项目，不仅提升了跨文化的交流和互动，而且同事之间以及与客户之间的关系变得更好了。让人意想不到的是，参与教练项目的几位执行官不久都获得了晋升。

3. 我开展过一个为期 3 个月的项目，客户是一家金融服务公司的高潜领导者。项目内容包括 360 度反馈和团体教练。项目大大提升了领导力技能，改善了员工管理，并且完成了一份清晰的公司继任者计划。

4. 我为一家私立大学的行政领导者（主任和助理主任）提供过一个为期 6 个月的团体教练项目，结果让客户更加强烈地意识到要领导这个学院获得成功，需要在学术和商业之间保持平衡。

你能够在第 2 章题为"团体教练的企业案例"一节了解更多其他企业案例的研究。

公众项目

 经验之谈：公众项目

有很多教练和我一样，会设计一个面向普通公众的项目，然后就此进行营销。对于这些项目而言，对应的教练项目设计灵感可以是来自一位或多位个人客户的直接需要、过去团体教练参与者的需要以及市场上值得关注的趋势或有待填补的空白。

在过去的 6 年里，我为普通公众提供过各式各样的项目。这些项目具体包括：

商业成功之旅系列：我曾经在商学院为小企业主和创业者服务，基于这些工作经验，我想继续为这些小企业主以及企业家提供具有更高价值的项目。2006 年，我启动了为企业主定制的为期 90 天的商业成功之旅项目。2007 年，每个季度我还为这些企业主增加了一次线上的商业静修营活动，主要关注那些正在寻找商业计划并愿意为之采取行动的企业主。在完成一两期的电话团体教练之后，静修营活动获得了企业主们的热烈好评。

除了我自己继续提供这些项目之外，我还将这些项目授权给了其他的教练，因为他们也想把这些项目提供给自己的客户。

你的生活平衡：在 2004 年开始时，这还是一个为期 5 周的项目，几年之后就变成了一个为期 3 个月的项目，每个月有两次团体教练。几年前，我又将其调整为通过电话完成的为期一天的高强度项目，叫做"你的生活平衡线上静修营"，目前是每个季度一次。

这个项目的灵感源自我从国际经理人转型成为企业主之后对工作和生活平衡话题的热情。2004 年至 2007 年之间，这个项目举办得非常频繁。就这个话题我还开了一个博客（http://yourbalancedlife.blogspot.com）。

目前我已经将这个项目授权给了其他教练，他们期望能够将其做成一个线上静修营或是一个为期90天的项目交付给客户。

有序生活的线上静修营：这个项目是为那些想在生活方面变得有条理，并想采取行动和获得洞见的人设计的。海伦·布蒂吉格（Hellen Buttigieg）也加入了进来，他既是专业的组织者，也是电视主持人。这个项目为期一天或两个晚上，为参与者提供一个探究如何合理组织的机会，同时也探索他们的偏好。最为重要的是，大家在一个相互支持的团体环境中，为了让生活能够变得更加有条理而采取行动。

在第6章，你还会看到3位更加成功的教练，他们都是通过电话完成工作的，包括海蒂·麦克和她的虚拟愿景板项目，以及艾娃·葛瑞戈利和玛丽·艾伦。

 聚光灯下：蒂娜·科尔伯特
（ www.deenakolbert.com ）

蒂娜·科尔伯特教练在公众教练和组织教练领域提供4种不同的团体教练项目，而且都是线上交付的。每次教练时长大约1～2个小时，通常有4～6位参与者。对于经常旅行的职场人士，一般最少由6人组成一个小组。有些还是使用英语交流的国际化小组。每个小组自行决定每个月的见面次数，通常是1次或2次。关于项目的简要介绍如下：

1. **掌控金钱**：这个项目针对那些想更好地理解他们与金钱之间关系的人，也针对那些想创造良好的个人、家庭和组织金融状况的人，以及那些想要移民的人。每月一次的线上电话团体教练帮助他们厘清了话题，打下了坚实的基础，并且我也看到了他们在改变过程中的感受和行动。设计的一些体验活动提升了参与者的理财能力，并且让他们在探索自己的行为、边界和劣势时不再感到孤单。我会营造一个相互支持、开放且温暖的环境，并且提供一个框架。在这段时间里，我关注每一位客户，并且通过团体成员之间的反馈、战略行动、邀请以及特殊的支持让每个人的意见被听到。

我的客户是一些国际化的执行官。在专业方面他们已经具备了高超的技能，但在个人方面，他们不擅长照顾自己。在财务方面，他们感觉自己不能像在其他方面一样，能够展现出真正的领导力。

使用的技能：这是一个共创式的团体教练项目，我使用的技能包括体验练习、创造力、组织关系系统教练（Organizational and Relationship System Couching, ORSC）技术、询问和布置任务。这些能够帮助每一位参与者确定他们自己的财务目标，并且学会在达成目标的过程中如何保持前行。这么做会让参与者为他们自己的决定负责，学会了解自己的收获和为自己赋能，然后继续在自己选择的道路上前行。

成功之处：财务小组在许多层面都有所提升，最重要的是在工作强度方面有收获。因为一些议题是非常复杂的，需要刻意花时间处理。这个项目需要完成的议题清单确实很长，因为大部分都是基本议题，如沟通、担当、责任、价值多样性、协商和选择等。我们的很多时间都花在了定义、厘清和了解信任的前提条件上。他们都能够很明确地定义属于自己的财务自由。成功之处还包括，有人支付了几年的退缴税，有人就财务问题与家人开了会，有人推进了诉讼案件的进展，有人写下了愿望，有人整合了财务账户，有人知道了怎么花钱和花在哪里，有人做了预算并且通过与实际开销进行比较来控制预算和节省开支。

挑战：在这个小组中，女士们展现出了非常惊人的领导力。她们大部分时间都是在旅行，因此在团体教练中跟进布置的任务和做调查就显得非常具有挑战性了，所以在此期间也没有发生什么事情。大部分的收获都是我们一起做特定的练习时获得的，对于个人单独的行动很难总结出收获。从感性上来说，他们需要时间来理解一些信息，然后才可能会前进一小步。最初这是一个自发组成的情感支持小组，后来他们才发现财务安全方面的议题已经超越了他们最初的意图。所以他们需要一些时间进行恢复然后再聚到一起。目前也正在发生着这种情况。

2. **自我认知的智慧**：这个项目给人们提供了一个自我深入探索和反省的机会，以及与他人深入探索和反省的机会，同时与他人在社交层面和精神层面进行连接。这些给了他们鼓励和信心，使他们获得了希望和满足的源泉。我运用他们自己的内在智慧，引导他们将关注点和注意力放在向前推进的过程上。这样参与者心中的那个智者就会呈现出来，并且通过他们所在的社区在更大的世界里呈现出来。

这个小组的成员都是充满力量的女性领导者，她们来自多个不同的种族和各种各样的专业领域。她们想深化知识，然后带着更强大的自信、力量和平和迈向下一个成功。她们想了解并拥有自己的内在智慧，同时能够满怀信心。我们从哲学、科学、身／心／灵以及文化领域着手，也涉及历史、经济、健康和社会学方面的知识。我们也注意到了女性领导者伪装的自己——欺骗者。这是因为她们感觉到自己不能在内心构建一个能胜任工作的自我。

使用的技巧：在开展关系方面的练习、小组练习及团体练习时，我使用了共创教练模型中的体验式练习、创造力、实践练习、探索原型、冥想、ORSC 技巧等，借此来帮助他们通过明确个人愿景改变和深化认知。

成功之处：这是一个新组建的小组，基本原则是运用参与者的经验唤醒他们的智慧。

挑战：最常见的挑战是如何建立信任和创造空间以达到深层次工作的目的。大家一起练习"开启／闭合"日常冥想，每个人都对自己的练习负责。开始时我想找到一名领导者，这个角色极具挑战性，直到有人跳出来主动担当，所以在这个团体里面这一点已经不是问题。

3. **掌控你的健康**：参与者变得更有能量来掌控自己的健康。他们需要重新考虑与自己、医生、疾病、家庭、朋友以及同事的关系并进行连接。这个项目的分议题没有限制，包括"你并不孤单"，"你有权利知道"，

"你有权力选择属于自己的治疗方式","调整你的关系",以及"活出你想要的生活"。对于这个项目,一个温暖、开放和彼此支持的环境是非常必要的,这样能够激发出彼此的力量并获得前行的勇气。

这是一个男女混合的小组,大家都有关于健康的问题。他们想学会直接且自然的方式,有意识地将疾病和自己的整个生活联系在一起。

使用的技术:这个小组的基础是分享以及运用每个人的资源彼此支持。通过小组学习在内部营造学习氛围,让大家意识到一个人的健康是无价的。团体的支持还会让大家不再有孤独的感觉。我使用了共创教练模型中的关系练习、小组和团体练习、体验练习、创造力、实践、冥想、ORSC技巧等,从而帮助他们明确在圆满和幸福方面的愿景。

成功之处:这是一个全新的小组,我为他们创造了一个有距离感的、相互信任的和开放的空间。

挑战:项目既要允许客户表达感受,但是又不至于言语拖沓且毫无意义,因为他们没有机会被听见和被看见。战胜恐惧是一个非常巨大的挑战,因为他们不相信自己知道什么是对的。

4. **视角**:作为教练、主持人和当地多个播音节目的出品人,我挑选并邀请了不同的官员、政策制定者和拥护者,让他们根据自己的经验讨论当前的事件,这样大家就在大范围内都参与了一个议题的讨论。工作坊的目标就是通过拓展参与者当前所秉持的观点,来打开一些新的视角。

这是一个每周会对新成员开放的高级别小组,这样就会有很多不同的人可以参与这个工作坊。参与者中既有女性也有男性,并且很多人在他们的社区表现得非常活跃。

使用的技术:我使用了分享技术,并且通过高度民主让所有人的声音都能被听见,所有人的观点和愿景都能被看见。我还使用了ORSC技术、团体教练技术、辩论技术,还学会了聆听他人的观点。我会邀请外部客座嘉宾做一个半小时的主题分享,然后再运用ORSC技术,同时融合聆听和碎片化学习的方法。

成功之处：因为每一期都会有新的成员加入，所以每次都要设计一个与老成员再次连接的环节。我也在每期开始的时候运用这个成功经验。这个项目引起了很大的反响，吸引了更多的人出席。

挑战：几个月来因为每周都会有新成员加入，所以工作的性质变成了接纳新成员。我们每周会讨论不同的主题，而不是围绕一个主题进行深入探讨。

谁来创建主题

经常有人问我："提供团体教练主题的是你还是客户？"多年来我已经尝试了许多方法，并且我经常说："那要视具体情况而定。"在我和我的客户看来，比较有效且比较成功的办法是我们共创主题。通常人们知道自己参加的团体教练项目的议题是关于工作和生活平衡、领导力、事业发展还是如何为人父母的。如果你是面向公众营销团体教练项目，没有一个通用的主题是很艰难的。并非说绝无可能成功，但是从我的个人经验来看，这是一个极其巨大的挑战。在一个项目的主题（例如工作和生活平衡、事业发展）之内，我也会为每一期设定更加宽泛的分议题，比如价值观、愿景和优势。

我总是会做一些工作来确保自己能够充分理解客户的议题。首先，在每一个项目开始之前，我总会与每一位参与团体教练项目的成员见面。我喜欢与每一位参与者进行连接，弄清楚他们与团体教练主题（例如工作和生活平衡，事业发展）紧密相关的主要议题、问题和痛点分别是什么。我还喜欢问："你们在项目当中真正想关注的是什么话题？"在第5章"了解你的客户"中你能够了解关于这一方法的更多细节，设计属于自己的团体教练项目。

在第一期团体教练活动中，我会展示一些通过前期电话沟通获得的主题，也包括一些在我看来有益处的其他议题。这是一个开启团体共同设计的机会，同时我还会询问从整个团体的角度来看是否需要更改、补充或者删减什么内容。

我们练习的方法会受到客户的影响。例如关于价值观主题，我们有各种方法来进行练习。我们可以做价值观澄清练习，也可以提供一个价值观清单让客户完成，或者可以在教室里邀请一位客户上台完成一次教练演示，其他客户则在下面观察。教练演示既可以在现场展示一个客户明确自己价值观的方法，又让大家了解了什么是价值观。

列价值观检查清单是一个比较直接的方法。首先客户将他们的价值观逐个地进行排序，然后可以两两配对来讨论一系列的关于价值观的问题。例如，什么价值观对于你来说是最重要的？你在工作当中如何活出这些价值观？你又是因为什么没能活出这些价值观？这些价值观是如何体现在你的决策当中的？可以把这些问题提供给每一对成员。请毫不犹豫地向你的学员们提供发展教练技能的机会，例如强有力发问。这个关于价值观的练习，可以先让每一对学员向团体进行汇报，然后在团体内使用引导讨论的方式结束。

对客户的了解程度是这项工作成功与否的重要因素。

团体教练的不同形式

本书通过"聚光灯下"中的案例分析，探讨并提供了一些不同的团体教练形式和结构。这些案例都是世界上其他团体教练经历过的真实案例。

我们将会一次次地看到，团体教练的形式和方法是由客户的需求和教练的偏好共同作用所形成的。教练可以采用一个纯教练的形式（有一点内容或没有内容），或者重点是教学同时兼带一些教练的形式。在本章的后面，我们将会探讨"团体持续发展过程"，大部分的团体教练都会关注这个内容。

教练也可以根据不同的领域和议题来开展不同的团体教练活动。一般来说，团体教练有两个不同的重点领域，即被教练的团体成员是由一些单独的个体组成的或者他们本身就是一个系统。前者可能比较适合前来参加项目的陌生人；后者可能对于一个完整的团体或系统的一部分更加有效，例如一个社区中的团体。在这种情况下，团体成员更多的是关注团体的发展过程，并针对团体的愿景、价值观等进行教练。这个就与 10 人一组的企业主团体教练项目形成了对比。企业主团体教练项目的重点是加强每一位企业主的个人能力，而不是团体的能力。

在过去的几年中，除了以团体为中心，我还探索并创造了一种混合方法，即电话团体教练和个人一对一教练结合。在为期 90 天的成功商业之旅团体教练项目中，我发现仅使用团体教练无法使企业主的驱动力达到最大。所以在过去的两年里，除了每个月两次的电话团体教练，我还在每个月增加了一次 20 分钟的激光电话教练。

www.BeyondSixFiguresforCoaching.com 网站的玛丽·艾伦明确了 3 种主要的教练形式：

1．纯粹团体教练：在这种形式中，由个人组成的小组共同聘请一位教练。在团体教练期间，每一位成员会获得固定的一对一教练支持。参与者可以旁听其他人的教练过程，也可以作为被教练者。

2．混合型：将一些教学内容安排好之后，再用教练进行定位。这个互动方法既能够推动小组内成员之间的对话，又能完成教学内容。

3．开放式教练论坛：这是正在实施的项目的一部分，每个月有四次电话教练，其中前三次聚焦于课程。每月的第四次电话教练活动可能是特邀专家会议或者是开放式的教练论坛（Open Coaching Forum，OCF）。教练会出现在教练论坛中，但是没有正式的议题，因为议题是团体共同达成的。教练将在会场上列出一个可能的议题清单，以便选取其中之一作为主题。例如，时间管理可能会作为当期的主题出现，就是因为参与者在登记的时候选择了这个主题。

在"团体持续发展过程"部分会进一步阐述团体教练可能包含的范围。

团体持续发展过程

我经常会讲到的一个现实情况，就是团体持续发展过程会伴随团体教练出现。在本书中，你将会看到十几位教练分享的真实的团体教练经验。读到这些经验的时候，你会发现他们在工作方面存在着巨大的不同。实际上，部分是因为这些教练采取的工作方式不同，部分是因为他们服务的客户不同。

团体教练是由引导、培训和教练的基本元素构成的。这里存在着一个小团体的持续发展过程，包括但是不限于团体教练、引导和培训（工作坊和静修营）。

团体教练　　　　　　　　引导　　　　　　　　培训

图 1.1　团体持续发展过程

本书中特别强调的团体教练项目以及你自己的工作，可能会在某些地方与这个持续发展过程相吻合，这一点取决于客户的需求和偏好。所以你设计的每一个项目看起来都会不一样，而且感受起来也不一样。一些项目可能更偏向于纯粹的团体教练，而另一些项目可能会引入较强的引导和培训元素。我们将会看到，这个混合的程度完全取决于客户。

那就让我们一起随着持续发展过程来了解每一个领域吧。

培训

我们先看看持续发展过程的最右端，我将培训放在了这里。培训可能包括工作坊、线上学习和静修营。比较纯粹和传统的培训着重于提供经验学习。参与者能够获得新的知识、技能和能力，这三者以其简称 KSA（Knowlegde, Skills, Abilities）著称。培训的通用定义如下：

培训是通过获得知识、技能和能力来提升一个人当前的工作表现的。

——阿伦·M. 斯卡斯（Alan M. Skas），罗伯特·R. 哈科恩（Robert R. Haccoun）

非常典型的传统培训环境就是通常的线下工作坊和研讨会，如果更加集中一点可能会称作静修营。最近几年，电话研讨会和网络研讨会已经成为培训的主流。

纯粹培训（但不都是参与式的）的一般特征有：

· 很大一部分的内容是培训师或讲师想讲清楚的；

· 更多的是讲师引领，而不是参与者去发现；

· 会设定一些培训师期望向参与者讲清楚的目标；

· 目标是由培训师和 / 或组织专家设定的；

· 议程是由培训师或引导师提前设定的；

· 主要关注的是在课堂上的学习，对于如何在实际生活和工作中应用关注得不多；

· 很少跟进个人的工作和生活场景。

当然，这些是关于纯粹培训的描述。我作为一名常年使用参与式培训方法的体验教育工作者，在此进行汇总是为了区分培训和教练。

引导

持续发展过程的中间部分是引导。引导一词源自拉丁语的"facilis"，意思是令其简单。

约翰·赫伦（John Heron）对引导师的定义是："一个能够帮助参与者在团体中开展体验式学习的人。"在这个定义中，引导不仅仅是关于 KSA 的，而且关乎团体发展过程。

斯宾克斯（Spinks）和克莱门特（Clements）针对引导者提供了另一个定义，即"引导者是学习过程中必不可少的促动者和鼓舞者，他们所追求的是通过聚焦于学习者的经验和行动来达成学习目的"。在这个定义中，学习者站在了舞台的中央。

典型的引导师只提供框架和过程，然后让学习者通过从团体中提取信息来创造属于他们自己的内容。这也是团体教练过程中非常重要的一部分。团体教练也是提供一个框架给参与者，然后让他们自己去探索和学习。引导师，尤其是第三方引导师，不是作为专家出现，而是作为流程的引导者出现。

英格利特·本斯（Ingrid Bens）说过："引导的基本技能，如积极聆听、释义和反馈都是当今领导者胜任能力的核心内容。"这是她在完成许多的培训、督导、教练和团体建设方案之后做出的总结。

本斯定义的引导师核心技能包括：

· 积极聆听；

· 支持；

· 试探；

· 澄清；

· 提供观点；

· 吸引他人；

· 总结；

· 协调一致；

· 管理冲突。

国际引导师联合会（International Association of Facilitators，IAF）将下述能力定义为引导师的核心能力：

· 建立合作的客户关系；

· 策划适当的团体发展过程；

· 创造并维持一个积极参与的环境；

· 引导团体获得适当的且有益的产出；

· 构建并维持专业的认知；

· 示范积极正向的职业态度。

罗斯维尔（Rothwell）曾指出，引导师会关注 4 个阶段：

1. 准备引导活动：包括设定日程、准备问题以及收集团体议题和背景信息。

2. 开启引导活动：组织团体成员彼此介绍，说明基本规则并介绍议程。

3. 管理引导活动：包括列出问题，记录回应和出现的议题，说明可行的解决方案，保证成员之间达成一致，确定行动计划以及进行评估。

4. 总结引导活动：使团体成员聚焦在后续行动和责任担当上，明确和评估大家将要在下次会议中讨论的议题。

引导师可以使用的核心工具包括头脑风暴、视觉化、因果分析（鱼骨图或因果图）、场域分析图。

如你所知，有一些练习和技能是引导师和教练都会使用的，两者之间的不同是原则上的不同而不是方法上的不同。当教练与团体成员共同工作的时候，针对引导师核心技术和核心能力的整合与调整是非常关键的。

团体教练

我把团体教练放在了持续发展过程的最左端。回顾之前的定义，我们可以知道团体教练的基础是教练核心胜任力和核心技能。

早期在市场上使用"团体教练"这个词的人经常会碰到人们皱起眉头的情况。这与几年前我面对不同的客户提出"教练"一词时的情形非常相似。新晋团体教练经常会问："我的工作叫什么名字呢？"给项目（工作坊、引导、教练）贴一个什么标签可能没有说明使用一种什么方法（例如使用团体教练的方法）更加重要。如果我对某些客户说是我在主持一个团体教练项目，我自己都会感到惊奇。如果我说正在使用团体教练的方法来主持一个为期 1 天的会议或者工作坊，它包含了小组讨论、反馈练习、行动方案制定以及设定责任和意愿度，这样人们从认知的角度可能会更好地理解这个词。用来定义你工作的标签很可能取决于客户的语言，以及你把自己放在团体持续发展过程中的哪个位置。

团体教练最大的不同就是议题来自团体。团体自身会驱动这个过程，并且强烈影响和决定讨论的成果、节奏和主题。团体也会影响你在工作中安排的一些练习活动。团体教练将会从他们的教练技术和练习工具箱里面挑选合适的练习活动。

在团体教练中，议题首先是客户的。客户们可能 4 人一组、8 人一组或 12 人一组。出于认证的目的，ICF 已经为团体教练确定了一个标准规模，即每组等于或少于 15 人。如果你研究了市场情况，会发现很多称作团体教练的项目其实是电话研讨会，这只是一种简单的借由单向信息传递开展和推进工作的方式。对于纯粹的团体教练而言，教练讲的内容很少，更多的是让客户自己去体验和探索。教练会重点使用教练的核心技能，例如强有力发问。

团体教练与一对一教练的不同之处在于团体教练将会多一些指导和掌控。这是一个非常精准的平衡，我称其为"张力"。团体教练需要在保证客户议题的空间和教练指导之间维持这种张力。在整本书中我们都将会探索这种张力。

蒂娜·科尔伯特教练对这种张力总结得非常棒，她说："团体基本上都会提供议题，即使这样你也可以创造一个外部框架将他们带入团体过程。"

从多年的客户反馈来看，大家需要一个共同的主题才能走到一起，无论是关于金钱、平衡、领导力还是关于事业发展。如果没有这个共同的焦点，那么对于参与者来说是非常困难的，并且他们也想要获得更多的指导和关注。作为一名引导师，如果只能在团体成员之间走来走去，那这个挑战实在是太大了。这一点让我更加相信我们真的需要一个框架，所以在进行团体教练时，要在客户的议题和教练的指导之间保持精妙的平衡。

在每次活动开始阶段，我在电话中开始点名的时候会突出灵活性。我会问参与者他们今天想要探讨的内容与主题有什么关联，客户的意见或者他们共同的议题能够为我们提供一个可以直接使用的清单。这就是灵活地将客户的议题吸收进来的方式之一。

这也意味着，作为一名引导师，我真的会使用教练技术来探索我们应该去往哪个方向。团体教练不像在一对一教练时，可以有 4 个、6 个或 8 个不同的议题出现。团体教练需要考虑的关键问题是：在教练过程中我们能够为大多数客户所带来的最大裨益和最大影响是什么？

许多读者将会注意到，在本书中我会将引导者和教练这两个词互换使用，因为团体教练确实需要很强的引导技能。除了客户的议题，整个团体的发展动态也需要予以关注。

本书是在团体教练方面出版得最早的书之一，而且团体教练会作为教练专业的一个分支继续发展下去，所以我非常希望我们研究的基础和团体教练模型会变得更加透彻。我们将会继续从引导师、培训师与教练的彼此滋养中受益，也会从培训师和引导师的洞见中受益，就像我几年前决定学习专业的教练技能时一样。同样，教练也将继续向专业的引导师或其他的学习形式学习新的技能。

那你处于这个持续发展过程中的哪个位置呢？

团体教练的规模

团体教练的规模需要多大呢？多大规模的团体教练能够在认证时被 ICF 所接受呢？几年之前 ICF 就做过一次重要的区分，明确了团体教练规模的上限是 15 人。在本书的案例研究中，接受采访的教练所安排的团体教练规模从 3 人到 12 人不等。

2008 年空中研究院的调查显示，团体教练的规模至关重要。"48% 的团体教练有 7 ~ 12 位客户。当规模超过 12 位客户时，团体教练的优越性就会急剧下降，因为这时很难区分教练和引导。研究还发现，团体教练规模是 7 人时效果最好。"

有趣的是，随着经验的增加和更多信息的获得，团体教练的规模有增大的趋势。同之前一样，我依然认可"小即美"[就像经济学家舒马赫（E. F. Schumacher）在 1973 年写到的]。我最喜欢的几个团体教练项目，其规模都是在 4 ~ 8 人之间。

每期的时长——单期时长和项目周期

关于每期的时长是多少时间这个话题，空中研究院的调查显示，47% 的受访教练会选择 1 ~ 3 个小时，15% 的教练会选择 1 天。蒂娜·科尔伯特教练说，她会保持灵活性，通过思考团体想要的是什么来决定团体教练的时长和频次。教练们有一个共识，包括 PCC 苏西·艾比利、MCC 玛丽·艾伦等其他教练，他们都认为 90 分钟是线上电话教练时长的最大阈值。

关于整个项目的周期，空中研究院的调查显示："超过 1/3 的团体教练项目周期是 3 ~ 6 个月，仅有 7% 的项目周期超过 1 年。"33% 的受访教练特别指出，他们实施的团体教练项目周期是 3 ~ 6 个月，10% 的受访教练表示他们实施的团体教练项目周期是 6 ~ 12 个月。5% 的受访教练表示他们的项目周期是变化的。你可以看到，在本书中受访教练之间的差异也非常巨大。

工作坊与团体教练之间的异同

正如我们已经了解的，工作坊、静修营和团体教练之间的分界线是非常模糊的，它们的任何一部分都很有可能出现在同一个项目里面，并且贴上这三个中的任何一个标签。至于使用什么标签取决于你的客户以及他们所看重的内容。

这些方法之间的相同之处有：

· 工作坊、静修营和团体教练都可以集中在半天、1 天或再长一点的时间内完成；
· 他们都使用团体引导技术，并且都遵循体验的原则。

将团体教练的方法引入工作坊和静修营是可行的。我们也可以做一个纯粹的团体教练，就像一对一教练一样。这样的话，团体需要在一开始的时候就针对议题和练习活动达成共识，唯一的不同是人数上的不同。

它们之间的不同之处（通常取决于引导的风格和方法）包括：

· 工作坊一般着重于传授知识、技能和能力，而团体教练着重让客户自己去发现知识。
· 工作坊一般更加注重引导者的议题，而团体教练的议题由参与者决定。
· 工作坊和团体教练在原则上的最大不同之处，是团体教练与特定的输出内容无关。工作坊是通过组织专门设定的输出标准来衡量培训师，而团体教练过程的产出和衡量标准是由客户设定的。
· 团体教练最为重要的是保密原则。

团体教练与静修营之间有何不同

ICF 的全球教练调研表明，教练最大的不同之处就是它被看作是"行动方案"而不是"探索过程"。当询问客户为什么会选择用教练代替心理治疗或咨询时，一些团体教练的参与者表示，因为教练带给他们的是"行动方案"而不仅仅是一个探索议题的机会。

表 1.1　团体过程的对比

特性	团体教练	团体引导	静修营	培训／工作坊
规模	6 ~ 12 人	5 ~ 20 人	4 ~ 10 人	任何规模
决定参与的人	参与者自己决定	参与者是被征召的	参与者自己决定或是被招入的	参与者自己决定或是被招入的
成员的来源	相同的公司，不同的公司、社区	相同的公司或组织	社区、自我介绍的、特别介绍的	社区、相同的或不同的公司、个人
担责	个人和团体	团体	个人	个人和／或组织
团体议程	团体创建或助手设定	引导师设定	治疗师设定	组织设定
目标	个人的或团体的目标	团体的目标	个人的目标	个人的、团体的、组织的目标
引导者	教练	引导师（可能是教练也可能不是）	精神健康方面的专业人士	培训师（可能是教练也可能不是）
连接	个人或专业的目标及兴趣、商业目标	商业目标、专业目标	个人健康或职业发展目标	个人的生活目标或专业目标
案例	企业家、营销专家、执行官、生涯转换者、领导者、工程领导者	销售团体、项目团体、非营利组织、领导者团体	离异者、事故幸存者、癌症患者、看护者	中层经理、企业主、专业人士、需要软技能培训的人、跨文化影响者

资料来源：PCC 安·迪顿（Ann Deaton）博士及 ACC 嘉依·琳·卡朋特（Gay Lynn Carpenter），2009 年。经许可采用。

教练关注的是人生当下的可能性和潜能，而不是陈年往事。静修营趋向于关注一个固定的问题，然后通过鼓励客户回顾过往的经历来达到向前的目的。相比之下，团体教练是基于客户的完整性、客户资源的充足性以及团体教练过程的结构进行的，这样就会重点关注客户当下是一个什么样的人，将来会成为一个什么样的人。

想要了解更多的教练与治疗师的对比信息，你可以参阅 ICF 发布的一些文件（www.coachfederation.org）。

PCC 安·迪顿博士是一位临床心理学家，也是一名团体教练。因为本书而接受我的专访时，她对静修营、团体引导和团体教练之间的差异进行了总结，她的总结如表 1.1 所示。我在其总结的基础上添加了第四个类别"培训／工作坊"，以便区别它们的不同。

团体教练的作用

除了在本章开始时所列出的教练责任之外，团体教练还有哪些作用呢？

现场之声：
关于团体教练的作用

在这一部分，团体教练们描述了在他们眼中的团体教练的作用。

团体教练要比引导师更进一步，因为他既是团体的教练也是每个成员的教练。团体教练会创造一个私密且相互信任的空间，在这个空间里，团体成员能够互相连接并接受教练。大家能够相互学习和相互支持，就是始于一个彼此接受和彼此关注的空间。

——MCC 金杰·科克汉姆

我把自己看作能够创造一个让团体成员自我负责的空间的人。公司的环境会不可避免地带领你走向下一个未来，所以在公司的氛围中，团体教练正在引领我向着组织发展的领域大步迈进。

——丽塔·维斯

为了客户的学习与成长，团体教练需要创造并保持一个既友爱又严谨的真实空间，同时还要知道，仅仅通过一次电话教练或一次线下教练不一定会让这个目标得以实现。在表象背后是更深层次的、隐藏着的且持续发生在意图上的改变。

——CPCC 维多利亚·费茨·米尔格姆

我把自己看作引导师和连接者。我会非常频繁地使用团体教练的技能，例如强有力发问等。

——CPCC 海蒂·米歇尔

我坚信团体教练的艺术能够创造一个私密的内心空间，让人们分享在别处无法分享的东西。我们要始终像普通教练一样从经验中学习。

——PCC 苏西·艾比利

我的作用就是为客户提供一些工具并且创造一个空间让他们彼此激发潜能。

——ACC 吉尔·麦克法迪恩

教练要创造一个空间让人们自己去探索，同时设定方向并保持灵活性，确保成员之间相互支持。

——马洛·尼基拉

本章回顾

请认真思考下述问题。我建议你记录下来，并且在阅读这本书的过程中不断回顾这些问题。

· 对于团体教练，你的愿景是什么？

· 你想输出什么形式的团体教练项目？

· 你处于团体持续发展过程中的什么位置？

· 作为团体教练，你认为自己的作用是什么？

· 关于团体教练，你最大的问题是什么？

· 对于你在团体教练方面的发展，在本章中相关的内容是什么？

第 2 章

行动落地——团体教练的商业 案例和学习案例

当我培训了越来越多的教练，然后他们又在商业环境下和组织中创建了自己的团队时，我就意识到团体教练已经到达了顶峰。之前这曾是一个上山的过程，现在我们需要让更多的公司和组织接纳团体教练的理念。

——MCC 金格尔·科克汉姆

从个人发展以及专业人士和组织员工发展的方面来看，目前的经济状况正在逐渐促使团体教练成为一项备受欢迎的必选方式。本章会探讨一些团体教练在商业方面和学习方面的案例。我们会从个人客户、组织客户以及教练的角度评估团体教练的裨益。本章还罗列了一些由全球各地的团体教练提供的真实案例。

背　景

最近几年，我们已经在人才管理、学习及人才发展领域看到了一些巨大的变化。

2008—2009 年的经济危机已经使大部分领域都削减了在学习与发展方面的固定资金投入。与此同时，经济下行的压力还促进了新学习方法的运用，例如移动端学习、在线学习以及其他的虚拟学习方式。

金格尔·科克汉姆表示：快捷（Fast）公司的调查表明，无论经济条件如何，仍有 64% 的参与过教练项目的公司期望在未来的 5 年内增加教练项目投入。这些公司中的绝大部分都希望通过引进团体教练项目来扩大教练在组织内部的影响。

无论你是服务于企业团体或非营利组织的教练，还是服务于一群志同道合的公众的教练，总之，团体教练正在逐渐流行起来。本章将会从以下 4 个不同的方面介绍团体教练的影响：

1. 在商业方面的案例——团体教练在组织方面的影响；

2. 在学习方面的案例——团体教练在学习方面的影响；

3. 客户们定义的团体教练的益处；

4. 教练们定义的团体教练的益处和影响。

在本章中，我们将会探讨团体教练给客户、组织和教练自己带来的数不尽的好处。

　　我认为导致团体教练逐渐流行的一些主要原因包括：

- 时间和资源的有效利用（对客户和教练来说）；
- 具有规模的经济性且能促进有效的改变；
- 运用集体智慧；
- 具备可调整性；
- 行动落地。

时间和资源的有效利用

　　客户和教练们都表示，团体教练是能够让大家充分利用时间和资源的有效方式。特别是当人均投入较低时，团体教练就更会被组织所重视，并将其视为在员工之间普及教练文化的最佳方法。对于那些需要自己付钱聘请教练并且期望获得优惠价格的个人来说，团体教练也是一个非常受欢迎的选择。

具有规模经济性且能促进有效的改变

　　团体教练具有非常良好的规模经济性，因为较少的时间和金钱投入却带来了较大的影响。通过团体教练项目，来自组织内不同部门的参与者可以分享不同的语言、洞见和原则，这一点能够对组织变革产生巨大的影响。我们将会看到莫林·克拉克教练和丽塔·维斯教练关于团体教练在组织内如何影响变革的观点。

运用集体智慧

　　我们将会从 MCC 级教练金格尔·科克汉姆那里了解到，团体教练最大的影响就是成员有机会获得集体智慧。对于已经认识到传统教练方式无法应对当前复杂挑战的组织来说，团体教练通过运用集体智慧，可以带来更多的具有创新性和可持续性的应对方案。

具备可调整性

很多团体教练项目都有机会进行调整，针对 2 人、4 人、15 人或更多人的团体教练项目使用一个相似的框架。这种可调整性也是团体教练项目设计创新的一个优势。

> 随着团体教练的持续发展和增长，它超越了针对组织高层的一对一高管教练模式，是一种更具协作性的团体教练模式。它能够为组织扩张提供一个有效的且具备可调整性的方案。
>
> ——科克汉姆和米斯特

行动落地

我将本章命名为"行动落地"，就是因为这是我多年前选择教练的初衷。

因为我曾在联合国和其他的发展机构担任全球经理，所以我有机会在全球实施一些影响力大的静修营和培训项目。在绩效提升领域，我又在全世界范围内开展了 15 年的企业和个人静修营项目。当时我正在寻找一种更加有效的，能够让员工和参与者将学习收获落地的方法。最初我选择教练就是因为它能够让项目成果落地。但我很快就意识到了斯托洛维奇（Stolovich）所说的话是正确的："培训只能达成预期绩效的 10% ~ 30%。"

在每次静修营结束时，我都能看到学员们满满的学习收获、高涨的积极性和无限的创造力。然而 6 个月之后，只有一部分行动计划得到了落实，而不是全部。

2002 年，在美国培训与发展协会（American Society for Training & Development, ASTD）的一次国际会议上，一位教练展示的题为"工作和生活平衡"的 PPT 深深地吸引了我。当时我每周工作 80 ~ 100 小时，每两周会到 3 ~ 5 个国家出差，我真的需要平衡。他讲述的方法与我的参与式引导略有不同，所以我对其深感好奇。在那一刻我就暗下决心，一定要成为一名专业教练。一年多之后，我在教练培训研究院注册登记了我的第 1 次教练培训课程。那一段经历让我非常有力量感，即使当时的培训还只是一对一的教练模式。当我思考我能够为团体客户带去些什么时，我就意识到我需要为他们去改变一些教练培训课程中所学到的内容。所以我立即在静修营中增加了一些教练方法，开始了教练的运用。

我们将会在下文全面探索"行动落地"这个主题。

聚光灯下：
影响范围和实际价值——MCC 金格尔·科克汉姆
（www.coachinger.com）

从 1997 年开始，MCC 金格尔·科克汉姆就已经在企业和组织中实施了团体教练项目。当时她在西北互联公司启动了 2 个团体教练试验项目。最终这个项目由 2 个团体发展到了 10 个团体。目前这个项目仍在继续，但是由内部教练带领的。

金格尔·科克汉姆认为团体教练最大的益处就是它的影响范围大和经济效益高。她认为团体教练的益处包括：

- 可以从团体教练的影响范围和经济效益两个方面受益。当你聘请一位专业的教练与团体共同工作时，经济负担会更轻，并且你能够让更多的人参与教练项目。

- 因为每个人都能够参与其中，所以团体教练促进了全员的投入。公司不再追问教练的投资利润率（Return on Investment，ROI），只要跟进团体内的生产效率、人员留存率和创新成功的人员数量就能看到回报和成果。

- 团体教练能够教会成员从无形团体发展成为有形团体的技能，引导团体成员全然地投入。

- 团体教练能够为公司和教练带来共赢。出于社会环境和经济形势的原因，许多跨国公司都组建了高效运转的虚拟团体。

· 对于教练来说，团体教练是一个非常经济的模式，让教练有更多的时间关注其他事情，并且在财务上获得一定的收入。

科克汉姆认为团体教练能够给个人带来以下益处：能够从教练和其他团体成员处获得支持、提升积极进取的动力、对可能性有更大的愿景、与志同道合者建立同事关系、能够在安全和信任的环境中实现个人发展、获得专业的技能和工具、改善健康状况和提升幸福感。

对于组织的益处包括：发生长期强化的可持续性改变；使员工更加幸福和健康；降本增效；使想法更加完整；在组织内建立跨部门的连接。

教练的商业案例

通常情况下的教练投资利润率

针对教练的投资利润率的研究仍在持续。早期的研究，如《曼彻斯特观点》（*The Manchester Review*）发现，教练的产出是初始投入的 5.71 倍。《曼彻斯特观点》的研究是基于下述假设：

· 教练能够转化成行动。

· 行动能够转化成对业务的影响。

· 这种影响能够量化和最大化。

最近 ICF 的全球教练客户调研表明：

对于公司来说，教练项目的 ROI 是非常大的：运用数据计算 ROI 之后可知，有 86% 的公司至少收回了投资。对于 ROI 高一点的公司来说，中值回报是初期投入的 7 倍。事实上，有 19% 的公司表示 ROI 至少是初期投入的 50 倍，并且有超过 28% 的公司表示 ROI 在 10 ~ 49 倍之间。

在财务收益方面，个人能够获得的回报是投入中值的 3.44 倍。

对团体教练项目 ROI 的研究还处于初期阶段，所以还需要大家对这个话题给予更多的关注。本章的目的就是在教练以及人力资源和组织发展专业人士的心中播下一粒种子，鼓励大家尝试量化地测量自己的团体教练项目的影响。

《曼彻斯特观点》的研究表明，高管教练的介入能够带来以下的商业影响：

· 提高生产率（53%）；

· 提升质量（48%）；

· 增强组织优势（48%）；

· 优化顾客服务（39%）；

· 减少投诉（34%）；

· 提升留存率（32%）。

同时，这个研究还指出了一对一高管教练对商业的无形影响：

· 改善与下属的关系（77%）；

· 改善与股东的关系（71%）；

· 改善团体合作（67%）；

· 改善与同僚的关系（63%）；

· 提升工作满意度（61%）；

· 减少冲突（52%）。

团体教练的商业益处

本章会探讨一些团体教练的商业益处，这些都是通过与客户及团体教练沟通之后确定的。其中几项比较明确的商业益处包括：

· 节省了时间成本；

· 提升了经济效益；

· 强化了组织内的可调整性且加大了规模；

· 促进了更大范围内的有效变革；

· 获得了跨部门的滋养；

· 促进了文化变革；

· 提高了人员留存率。

促进组织内的有效变革

索尔·卡琳（Saul Carliner）表示，达娜（Dana）和詹姆斯·鲁滨逊（James Robinson）给出的建议是："经理和执行官们可能更加看重努力，例如专业方面的培训和高潜人才发展。如果能够使这些努力与业务需求直接相关，那么非常可能产生有效的变革。"

莫林·克拉克教练说："教练在所有的变革案例中都是不可或缺的一部分。在当前的商业世界中，唯一永恒不变的就是改变本身。教练能够为个人和组织提供可持续性的发展方式，所以它是商业环境中人才发展的基本应用工具之一。"

丽塔·维斯教练对这一感想的回应是："团体教练能够帮助组织创造组织文化，同时创建能够产生变革的核心团体。"

目前在公司和组织里面，绝大部分的决策都是跨部门形成的，这就需要彼此协作的能力、与各部门同事有效沟通的能力以及成功影响他人的能力。这些都是团体教练适用的通用案例，团体教练项目能够提升所有这些能力。

我所关注的是团体教练在本质上的影响而不是在数量上的影响。团体教练提高了关键领导者的留存率，提升了成员对组织的承诺度，加快了团队目标的达成，同时还提高了成功完成商业方案的概率。

我参加的商业项目主要关注改善跨部门的协作、加强跨文化交流、整合不同公司的文化以及培养全球领导者。

——丽塔·维斯（www.pinnacleconsultingservices.com）

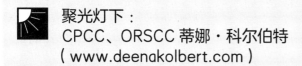

聚光灯下：
CPCC、ORSCC 蒂娜·科尔伯特
（www.deenakolbert.com）

蒂娜·科尔伯特已经为很多中小企业提供了团体教练项目的服务，这些商业项目都已经落地实施，并取得了下述成果：

· 通过更好的协作、沟通、聆听以及澄清成员之间彼此的期望，提升了企业的生产效率和成员的积极性。再结合参与者对团体的承诺度，促使大家采取更有建设性的行动方案，朝着前方的目标迈进。

· 从行政管理方面来看，开发了更好的管理和汇报系统。能够做到及时开具发票，每月审核预算，并且加快了账款支付。

· 因为离职的员工更少了，所以也降低了人力资源方面的费用支出，同时人员更替的成本也减少了。此外，团队精神和协作精神的加强也提升了工作效率。

· 企业盈亏平衡点有所提升，企业偿还了债务，并且也不再需要贷款。团体教练确实产生了非常巨大的影响，但是获得的回报依旧未达到企业之前的预期，特别是在市场经济状况下行的时候。整体来说，在经济下滑期间团体教练已经保持住了企业员工比较高昂的斗志，因为这些小企业找到了新的方向和机会，同时员工变得更加关注生活的质量。

在非营利组织方面，科尔伯特提到了以下几点：

1. 团体教练促进了资金的高效运作和董事会的快速发展，改善了组织和员工的管理体系及流程，完成了继任计划，同时扩大了筹集资金的市场渠道。

2. 组织的盈亏平衡点有所提升。组织成员对组织社会功能的认识，以及对他们自己和自身能力的认知都有了提升。

聚光灯下：
文学硕士（Master of Art，MA）、CPCC、ACC 莫林·克拉克
（www.blueprintgroup.ca）

莫林·克拉克是一位来自英国哥伦比亚大学的认证教练，她开发了一个关于幸福主题的教练项目。这个项目为期8周，是面向全球制药企业的。这个项目是通过电话开展的，主要聚焦于工作和生活议题。

出于想对教练工作加深严谨程度和运用测量方法的热情，莫林·克拉克决定使用这个案例开展测量方面的研究。

莫林考虑的问题是："如何测量幸福项目的不可见收益，从而确保计划内的人员和组织能够获得他们基本的利益？"

在项目开始之前，参与者需要完成一份调查问卷，内容包括他们对工作和生活平衡的认知、投入度水平以及在保持工作和生活平衡方面的行为管理。

项目开始前：38% 的参与者表示，他们已经决定不管在哪里都要找到一个能够使工作和生活平衡的职位。

项目实施之后的成果：

· 84% 的人感觉到他们的工作效率有所提高。

· 86% 的人认为他们已经找到了能够平衡工作和个人生活的策略。

· 感觉到自己有机会在前两个月中避免工作和生活冲突的参与者增加了 25%。

· 在压力指标方面的影响：健康的习惯增加了 28%；整体压力减少了 22%；心理上的幸福感增加了 14%。

克拉克表示，如果将这些确定的改变转换成每人每年平均节省的资金，那是 6000 美金。这个数值是使用强生（Johnson & Johnson）公式计算得出的，这意味着在工作和家庭项目中每投入 1 美元将会节省 4 美元多。

教练获得的成果

团体教练解决了一个大难题，即有很多人想接受教练服务但是负担不起，同时很多教练想要帮助更多人但又不能接受大幅度地降低费用。团体教练提供了一个完美的平衡方式，不仅客户的费用减少了，教练的收益也提升了三四倍，因为他们是同时在 15 ~ 20 个人（或更多人）身上投入时间。

教练在每个小时的教练会谈中获得了更多的收入，同时客户也获得了教练的支持，这是一种共赢。

——CPCC、MCC 玛丽·艾伦

接受采访的教练们都一致认为，团体教练是一种完美且高效的形式。它允许你在为一名客户提供服务时充分利用你的时间和资金，因为时间和资金是稀缺资源。下面是教练们表达的观点：

团体教练为人们提供了非常有吸引力的增值服务，例如时间短、开销少、议题聚焦等。这是一个充分有效利用时间的好方法，因为你能在相同的时间与更多的人一起工作，同时获得更多的收入。团体教练项目还能够进行复制，这样就可以更加容易地重复实施，产出的成果可以传递给更多的人。整体来说，团体教练能够使你的教练服务增值，增加你的客户数量以及你的收入，而且只需要付出一点点额外的努力。

——马洛·尼基拉

团体教练允许你有效地利用时间。从商业角度来看，这是一个令人难以置信的模式，因为它在给他人提供服务的同时也节省了教练的精力。

——丽塔·维斯

团体教练是我有效利用时间的绝佳方式。

——PCC 安·迪顿博士

促进有效的变革

如前文所述，团体教练最大的好处是能够在组织内部发掘促进有效变革的潜力，多年来，我称其为涟漪效应。与一对一教练相比，团体教练具备在短时间内影响更多人的特点，所以当大家看到我使用一个水滴做标识时就不会感到奇怪了，因为这代表了我所从事的团体教练工作具有涟漪效应。

因为团体教练具有全球性的影响，能更好更快地促进有效变革，所以它也吸引了很多教练。

金格尔·科克汉姆曾说："在几年前托马斯·莱奥纳德（Thomas Leonard）曾评价，教练将走向全世界并且永远地改变人们互动和沟通的方式。随着团体教练在全世界范围内成为公司、组织和个人不可分割的一部分，他的愿景真的逐渐实现了。"

问题思考：你的项目在组织内部是如何影响变革的？在社区里呢？在商业领域呢？

教练的学习案例

研究报告显示，教练服务的投资利润是初始投入的 5 ~ 7 倍。教练服务是客户定制的，所以教练们非常重视客户的个人需求。通过几周一次的教练支持，教练找机会将客户的学习收获整合到客户真实的生活和工作之中，这一点支撑了所有的领导力和人生培训项目。与之相比，其他培训形式的学习收获在走出教室的时候就已经被客户遗忘得差不多了。

——莫琳·克拉克

这里有 5 个团体教练在学习方面的案例，具体包括：

1．用更少的成本产生更大的影响。
2．引领文化变革。
3．行动落地。
4．强化学习并提升学习转化率。
5．增强组织内部的能力。

用更少的成本产生更大的影响

与传统的一对一高管教练或个人教练相比，团体教练的特别之处是能够花费较少的成本使组织中较多的人受益。中层管理者和基层员工参与团体教练项目已经变成了家常便饭。

引领文化变革

如前所述，团体教练提供了一个促进文化变革的机会。丽塔·维斯曾说："团体教练可以运用集体的力量来影响变革。"如果变革项目在落实行动方面持续表现出不佳的状态，那么团体教练就是能够在较长的一段时间里支持团体扫除变革障碍的最佳模式。

行动落地

团体教练在反思和行动原则的基础上鼓励客户持续采取行动，并且鼓励客户公开承诺和担当责任。教练们认为，客户公开宣告自己的承诺能够增加坚持到底的可能性。

特别是当教练与培训搭配时，真的可以实现"行动落地"。特纳（F.Turner）曾写道："《公共人员管理期刊》的一个特别研究表明，只参加管理培训项目的经理们的生产力增长了 22.4%。然而，在培训之后获得了教练支持的第二组，经理们的生产力增长了 88%。"

强化学习并提升学习转化率

因为学习的转化率在 10% ~ 30% 之间，所以在一开始，团体教练就被看成是强化培训的一种方法，也是将对话从课堂延续到生活中的一种方法。在过去的几年里，我通过定期的电话团体教练跟进了一些公司的培训项目，认识到非常重要的一点，即学习需要强化。正如韦德科维奇（Vidakovik）所说的，人们能够记住的内容通常是：

- 听到的 20%；
- 看到的 30%；
- 听到和看到的 50%；
- 听到、看到和说出来的 70%（例如讨论、向别人解释）；
- 看到、听到、说出来和做到的 90%。

团体教练让客户看资料、听意见、讨论观点并采取行动。在进行团体教练之后的几个月里，参与者们通过计划好的团体教练活动彼此连接。在团体教练的后期，参与者将行动计划转化到自己的现实工作和现实团体当中。参与者公开担当责任看起来就像是在"增加赌注"一样改变着参与者。

增强组织内部的能力

团体教练能够挖掘一个组织或者一个行业的集体智慧，增强组织内部能力，创造一个强大的文化环境。团体成员将会分享一个共同的框架，同时有机会关注和讨论相同的核心商业议题。

场外之声：
大家常常问教练：在你看来这份工作的学习收获是什么？

下面是一些教练的答复：

丽塔·维斯教练说："当更多的领导者参与关于领导力发展的团体教

练项目时，他们加快了学习进程。领导者分享彼此的价值观、关注点、愿景和承诺，团体教练借此改变了领导者的内核，同时提供了一种语言让大家沟通新的互动方法和新的领导技能。"

安·迪顿的经验表明："客户能够落实行动方案并给予团体反馈。因为大家已经拥有了一定水平的亲密程度，所以在团体教练结束之后，成员们会在这个社群内持续担当。他们对成功都有所投入，他们彼此检核，同时分享资源、互相借鉴等。"

MCC 金格尔·科克汉姆说："我认为团体教练的目的不是教学和指导，而是让每一位团体成员都能实现自身和专业两方面的成长，让他们能够达成自己曾经没有达成的目标，能够拥有更多的资源和工具成就更好的自己，成为更加成功的父母或专业人士。"

CPCC 莫琳·克拉克表示，团体教练能产生下述裨益：

· 在团体教练之后创建一个可以彼此支持和持续发展的社群；

· 增强学习的丰富性；

· 引导者能够活在当下；

· 教会参与者：只要按照流程走，就会收获成果并强化学习效果。

MCC 玛丽·艾伦表示：团体教练因为有很多的机会去挖掘每位参与者的诸多背景资料，所以强化了学习过程。我们所有人都有个习惯，就是经常从自己和团体受到限制的角度来看待事情，所以当每个人接受了教练并敢于分享自己的经验时，学习收获就会呈指数级增长。

蒂娜·科尔伯特表示，团体教练有下面这些帮助：

· 在团体里创造了流动性和弹性，允许发生各种各样的学习，允许成员充分表达观点。

· 团体的发展会涉及各种各样的方法论，而且所有这些方法论都是相互兼容的，因为对于团体来说没有什么是确定的。

· 在经历了新的且未知的干预之后，参与者基于自身拥有的丰富资源和创造力，会对团体发展动力有新的理解。

· 团体发展动力为我们提供了个人教练不能提供的智慧。一旦参与者领悟到了这个智慧，真正的价值就会产生。

· 团体教练为那些害怕在自己的意识层面进行探索的人提供了稳定的和安全的空间，允许他们听到其他人的观点，让大家感受到这都是正常的。他们还能够观察到其他人是如何表现、思考和采取行动的，而之前他们可能都没有想过这些。

团体教练案例——对于客户来说团体教练是什么

当被问到对于客户来说，团体教练是什么时，安·迪顿说："通过团体教练，客户学会了彼此学习，从另一个角度看待自己。他们也从以前从不知道、从未学习的角度看待事务。"

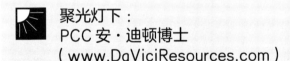

聚光灯下：
PCC 安·迪顿博士
（www.DaViciResources.com）

安·迪顿管理着几个团体教练项目，例如：

项目 1：高管对话——女企业主国家联合会（National Association of Women Business Owners，NAWBO）

这是一个为期 9 个月的线下项目，每月一次团体教练，每次 2 个小时。活动中有一个名为"激烈会谈"的部分，主要是由一位焦点人物分享她事业上的一个挑战和机会。如果她想为此准备一些内容，那么之前她可以在线上的小组里与大家分享这个议题。然后教练提供一个框架和一个与焦点议题有关的主题，并且将其打磨成一个短句（例如，自己牵涉的面太广，面对风险的时候既害怕又兴奋）。教练还会为每位成员提供一些能够在自己的事业中进行应用的问题，并让大家进行思考。在活动的结尾，每个人分享自己的收获，而且焦点人物要承诺她将采取什么行动。在下一次活动开始的时候她将会分享发生了什么。

在两期团体教练活动之间，她们很可能还会召集另一个 NAWBO 会议，这非常利于团体成员之间建立连接。

项目 2：非营利组织的领导力项目

这是一个为期 3 个月的线下项目，每两周一次团体教练，每次 1.5 ～ 2 小时。这个项目的周期也可以设为 6 个月，每月一次团体教练。

迪顿发现，大家每两周见面一次会更好，因为这样他们能够持续地并且有节奏地关注自己。对于这些领导者来说，让她们为了自我发展而脱离工作是非常困难的。我们常常会听到"我无法参加，因为我有太多的工作啦"这样的话，但是在活动结束的时候，她们都会表示她们感觉到更加"聚焦和有生产力"了。团体教练让这些领导者感受到了放松和喜悦，更有远见，还掌握了更加有效的工具，并能够在员工中应用教练技术。

这些团体教练的过程包括每周的焦点主题、20 ～ 30 分钟的主题简要介绍、体验练习、对话和教练等。主题里面已经包含了强有力的拒绝、请求和承诺。

迪顿还组织过几期其他活动，通过挑战一对一教练会谈，帮助非营利组织中的领导者学习教练技术。领导者们会收到迪顿提供的一些教练式问题和框架，以及教练和客户的反馈。

项目 3：执行官速成之路——弗吉尼亚公共健康大学信息系统博士毕业生项目

这是一个面向博士生的线下项目，聚焦于领导力的构成要素。项目为期 14 个月，每月一次团体教练，每次 1 ～ 1.5 小时。在项目开始和结束时还引入了 360 度领导力调查——领导力环，团体教练使用这个工具帮助每个人进行两次总结。

目前这个项目已经实施了 4 年，在第 2 年他们引入了团体教练和 360 度领导力调查，共有 5 位教练参与这个项目，每位教练带领 5 ～ 7 人。毕业生项目是 2 天的执行官速成班，每个月会占用 2 个周末。团体教练活动是每个小组每月一次。项目开始时，运用领导力环建立客户初始的个人发展计划，结束时再使用领导力环评估发生的变化。

迪顿针对客户在团体教练中获得的好处做出了如下评价：

· 让客户看到其他人与自己面临同样的挑战，并且看到其他人在这些挑战面前对教练的反应。

· 通过教练对话让客户有机会获得自我觉察和看到客观事实，并且与其他人分享。

· 让客户对别人的成功有所贡献，并且通过采取行动支持彼此承担责任。

· 经常会帮助客户学到一些教练技巧，同时帮助客户体验到教练状态（例如是发问而不是告知，是好奇而不是评判），然后把这些带回到自己的团队工作和日常生活当中。

· 当具有某种结构的团体教练过程结束之后，客户之间的关系常常会更加持久。

团体教练的益处

教练们常常会发现，解释或者讨论团体教练的益处是一件非常困难的事情。我希望本章的内容可以让大家更好地理解团体教练能够给组织中的团体带来什么益处，以及能够给加入团体教练队伍中的个人带来什么益处。

除了本章中前面所提到的益处，一些教练还明确表示团体教练可以带来下面这些益处：

CPCC、ORSCC 蒂娜·科尔伯特

科尔伯特认为，在商业领域团体教练能够为客户带来的益处包括：

- 让公司保持开放性且帮助公司策划新的市场战略，一年之后在可行的预算之内偿还贷款，安装一个月度账务管理系统。
- 在小公司内，团体成员在工作上的阻力减少了很多。在日常会议中，员工可以公开地表达一些想法，而且这些想法会被领导考虑。问题在没触及底线的前提下可以很开放地公开讨论。
- 为了保持聚焦，每两个月检核一次团体的目的和目标，如果需要还可进行调整。
- 4 月 15 日是美国报税截止日期，美国所有财务保障部门的员工都要完成存档退单的工作，有人在接受团体教练后第一次按时完成了几年的退税工作。

MCC 玛丽·艾伦

艾伦是与公众团体共同工作的。整体来说，她发现团体教练可以获得以下益处：

- 成员们发现可以更加自由和更加真实地表达了；
- 他们实现了自己的既定目标——有的人减轻了体重，有的人还清了债务，有的人使工作流程变得更加有序，有的人感受到自己的内心更加平和了，有的人成功创业等；
- 大家与志同道合的人组成了社团；
- 成员之间形成了长久的友谊；
- 他们变得更加有担当了；
- 在看到他人实现目标时自己能够备受鼓舞。

本章回顾

你愿意将哪些案例作为你自己的商业案例和学习案例呢？在你看来，与客户共同工作时：

· 有哪些案例可以从教练的角度去分享？

· 有哪些可以作为商业案例？

· 有哪些可以作为学习案例？

· 有哪些案例会产生影响？

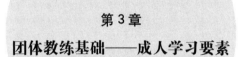

第 3 章

团体教练基础——成人学习要素

人们常被教导说看透他人才是聪明，事实上真正的智慧是从我们下定决心互帮互助开始的。

——佚名

除了教练的核心能力，团体教练项目的成功还需要对成人教育和团体发展的原则和过程有充分和深刻的理解，因为大部分团体教练都是发生在团体发展背景之下的成人教育，所以对于很多的教练来说，需要介绍或重温一下这些原则。

本章将会在以下 4 个关键方面提供一些核心信息，因为它们构成了团体教练工作的基础：

1. 成人教育的核心原则
2. 体验式教育
3. 团体发展过程
4. 学习风格

在本章正式开始之前，请花些时间来回顾一下我们自己作为成年学习者的经历以及在团体中的体验。你曾经的体验是什么呢？哪些有效？哪些无效？

成人教育的核心原则

绝大部分教练都是和成年人共同工作的。对成人教育核心原则的深刻理解，能够确保满足参与者的需要，并且提升项目的影响力。

这一部分回顾成人教育的核心原则，包括：

· 充分利用团体成员的生活经验和优势；

· 创建一个安全且私密的学习环境；

· 让参与者拥有主动权；

· 确保在项目中使用的方法和关注点都是清晰的；

· 创造机会让客户自己发现知识；

· 在项目开始时明确教练和参与者的预期；

· 行动落地——连接学习与真实生活。

充分利用团体成员的生活经验和优势

当与成年人共同工作时，最为关键的一点就是充分利用他们已有的知识。从集体的层面来看，客户将会带来他们宝贵的生活经验和优势，所以只要有可能，我们就要利用客户的经验和优势。教练既不应该被看成是专家，也不应该被看成是百事通。教练要创造机会让团体成员彼此分享他们的生活经验和优势。

对于团体教练，教练和客户都认可的它的最大裨益是客户之间可以分享经验，所以教练要为团体成员提供足够的时间进行分享。团体教练的优势不仅仅是教练与每一位成员之间的连接，更多的是成员彼此之间的网状连接，教练也包括在内。

只要有可能，教练就要设计一些活动将客户的生活经验与主题联系起来。从实用的角度来看，这可能包括：

· 让参与者分享他们的故事。

· 问参与者："就这个话题，你已有的经验是什么？"

· 问参与者："在这段经历中你最大的收获是什么？"

创建一个安全且私密的学习环境

对于团体教练来说，创建一个安全且私密的学习环境是特别重要的。经验丰富的团体教练，例如 MCC 金格尔·科克汉姆和 PCC 苏西·艾伯林都特别强调，创建一个安全且私密的学习环境对于团体体验非常重要。

为了创建一个安全且私密的学习环境，教练需要考虑：

· 在每个团体的第一期活动中建立基本规则。你可以在项目中简要讨论并对基本规则达成共识，具体请参照第 4 章。

· 讨论私密性或者让团体成员自己定义私密性。我对团体定义私密性的典型描述是："在房间里面说的内容仅限保留在房间里面。"私密性是团体教练项目的核心关注点，因为大家将会分享十分私密的信息。对于一个完整的团体而言，这一点尤为重要，特别是组织内部的团体或是小型社团内的团体（在固定地理范围内的团体、行业性团体、虚拟团体）。在项目进行过程中，教练有必要将这一原则反复告知或提醒参与者。如果想获得更多的信息，请参考 www.coachfederation.org 网站上的 ICF 道德准则。

· 提供机会让参与者彼此认识。请安排一些时间让每位参与者进行自我介绍，以及说明想通过项目获得什么收获。

让参与者拥有主动权

在 ICF 的 4 个核心胜任能力当中，有一个是"共创关系"。

教练里面的一个基本原则是要与客户共同创造或共同设计教练关系，也包括他们想要被教练的话题、使用的方法甚至练习活动。在为项目设定预期目标的时候，清晰明确地阐明这些内容非常重要，包括你对客户参与其中的期望、他们在创建议程中的重要作用以及团体教练的体验将会是什么样的。

我们在第 1 章中曾讨论过，教练可以将自己放在团体持续发展过程中的纯团体教练位置，这时议程完全是由团体创建的。团体成员可能想从教练那里寻求更多的可能，并且期望通过每期的议题和主题来获得框架、确定方向，然后他们可以添加内容。

在设计教练关系方面我的最佳实践是，在开始之前与每一位参与者进行一个简短的（15 分钟）电话讨论，明确他们的期待，他们想从项目中收获什么，以及任何对满足他们的需要和偏好有所帮助的事情（例如学习风格）。

确保在项目中使用的方法和关注点都是清晰的

在项目开始时，教练要安排时间来讨论将要采用的结构、参与者的期待以及整个项目的关注点是什么。如何获得参与者期望通过项目收获什么的话题，取决于你处在团体持续发展过程中的哪个位置。在团体教练中，参与者在听完其他人的讲话后，很可能就会发现自己带给项目的额外影响。你需要在项目伊始就拨出时间来讨论他们的预期和关注点。在项目进行过程中，你也可以设置一些检核点，让客户检核自己的目标。如果条件允许的话，这个可以每周进行一次或者每期进行一次。

在第 4 章有最佳团体教练实践，一个典型的最佳实践包括在项目开始时讨论以下内容：

- 团体教练的基本规则；
- 教练和客户的期待；
- 团体教练的目标——个人目标和集体目标，这取决于团体类型和客户的关注点。

创造机会让客户自己发现

团体教练非常看重体验。讲座式教学或者过多使用工具，例如 PPT，不是团体教练的核心方法。

成人学习的核心原则是，当他们有机会自己去发现和洞察知识时学习效果最佳。教练是基于自我发现原则，充分运用客户所拥有的优势和已有的知识。同样地，团体教练也需要创造各种机会让客户自己去发现他们所拥有的知识。

体验式教育还提供了另外一种创造机会去发现知识的方式，下文将会探讨这个话题。

在项目开始时明确教练和参与者的预期

- 在每期开始的时候或是开始后的半个小时之内，花些时间弄清楚客户的预期是什么。
- 创建一个客户能够主导这个过程的环境——他们可以决定要用什么共同工作的方式。
- 请花些时间讨论他们想要使用的共同工作的方式，共创一些基本规则。

作为一名引导师，你可以通过提供一些建议来推动进程，也可以让团体共创关于共同工作的方式的基本规则清单。

行动落地——连接学习与真实生活

很多团体项目没有给参与者提供创造框架或结构的空间，让他们能够将从项目中学到的内容运用到日常生活之中。团体教练的优势是创造机会让学习收获得以落地。

你需要在项目中提供练习的时间和空间，例如制定行动计划、设定承诺、创建结构以及明确担当等步骤。请记住你还要检核大家已经采取的行动和已经实现的目标。

需要考虑的问题——成人学习基本原则

你如何将成人学习的基本原则融入团体教练工作当中呢？

什么方法将会对你最有效？

基于这些原则，你理想中的项目看起来是什么样子的？

你需要注意哪些陷阱？

体验式教育

体验式教育是一种哲学也是一种方法论。体验式教育是教育者和学习者有目的地沉浸在直接的经验和反思当中，以便增进知识、发展技能和澄清价值的**教育方法**。

乔普林（Joplin）表示，体验式教育的核心特征有很多，具体包括：

1．是基于学生而不是基于老师的。

2．是个人化的而不是非个人化的——作为一名学习者，这个话题与你有什么关系呢?

3．是以过程和产出为导向的——过程比一些所谓正确的东西更加重要。

4．是对内部和外部原因的评价。

5．是整体的理解和局部的分析。

6．是围绕经验进行组织的。

7．是基于感知而不是基于理论的。

8．是基于个人而不是基于团体的——重点在于团体内部个人之间的关系和作用，以及人们对自己在团体中位置和职能的觉察。

你将会注意到，教练是从同样的核心特征发展出来的。

体验式教育循环的核心部分包括：

·体验——是什么?

·思考——那会怎么样?

·应用——现在怎么办?

教练项目整合了体验、思考和应用这三个阶段。整个项目过程为客户带来了强化了的成果。

现在就让我们简要地了解一下体验式教育循环中的每个阶段。

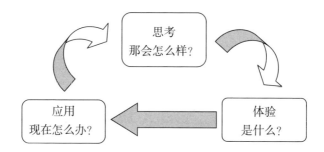

体验——是什么

这个模型的第一个阶段是为参与者提供一项体验。在培训中，这个体验可以是一项初始练习，或是具有创造性的解决问题的练习，甚至可以是一个自我评估。这在教练过程中非常简单，我们可以要求参与者思考他们的一段真实生活经历，例如职业生涯转型、一段新的关系、新的管理经历。为了促使学习发生，个人需要参与到体验当中——是什么或是你经历了什么？

思考——那会怎么样

体验式教育的核心部分包括一个叫作"总结"的思考过程，这个过程鼓励参与者思考一系列的问题。为了沉浸在学习中，参与者要有机会思考发生的事情，这也被称作"那会怎么样"，或者教练像引导师那样问参与者："那么你经历了什么呢"。团体教练项目应该为客户提供充足的时间来思考他们正在经历的事情。

应用——现在怎么办

为了完成学习循环，个人必须运用他们所学的内容——"现在怎么办"或"当下你能如何运用你的学习收获呢"。对于提出这个问题，教练很可能已经非常精通了。这个环节就是要将学习收获带回到真实的生活和工作当中。在这个部分，团体教练能够提供巨大的裨益，加强学习收获与工作连接和转化的机会。

所有形式的体验式教育都会回到体验、思考和应用这三个理念上。在许多课程中，参与者仅仅是有机会体验，可是没有机会反思或总结这段体验。我们在思考阶段可以问"那么发生了什么呢"或"这个对于我意味着什么呢"之类的问题。

很多体验式教育没有进一步为学习者提供运用学习收获的过程，就是"那现在我用这些信息做些什么？我如何在自己的生活当中运用这些收获"。如果没有完成这个步骤，学习只是被抑制的。

几年之前，就是"现在怎么办"吸引我进入了教练行业。那时我已经在领导力发展领域通过开展项目、培训和静修营与上千名专业人士合作过体验式教育，即便如此，有很多学习收获也都被丢掉了，因为我很少在真实的生活和工作中跟进。教练具备促使被教练者与真实生活和工作相连接的潜质，因为很多的团体教练项目就是聚焦在这个重要的转变上。此外，很多团体教练项目会持续几周或几个月，这样就可以跟进参与者回到工作场所之后的生活和工作，并且检核他们的行为以及他们新的收获和洞察。

总结的重要性

不管是体验式教育还是团体教练，在练习之后设置一个总结或者讨论的环节是至关重要的。总结可以在活动一结束就进行。在团体教练中，我们认为团体内的讨论和总结分享与练习本身一样重要。

当你读完下面的内容之后，将会发现体验式教育与教练的联系是如此紧密。

你可以考虑从体验式教育的过程中借鉴一些经验，然后运用到你与客户完成的练习当中，以便更加深入地洞察：

是什么？

- 你做了什么？
- 在练习的过程中你观察到了什么或者想到了什么？
- 在练习的过程中你感受到了什么？

那会怎么样？

- 那么你已经学到了或是强化了什么？
- 这个练习对你来说意味着什么？
- 这个练习与你的真实世界有什么联系？

现在怎么办？
- 将来你想做出什么不同的事情？
- 你如何拓展你所学到的内容？
- 你可以做些什么来运用你的学习收获？

团体发展过程

团体教练是在团体发展过程的背景下发生的。请你回顾自己作为团体成员的经历，关于团体的发展过程你注意到了什么？什么是你记忆犹新的？你遇到过什么糟糕的事情？

关于我们对小团体发展过程的观点，布鲁斯·塔克曼（Bruce Tuckman）的工作对我们产生了非常巨大的影响，他有一个理论叫塔克曼阶段，发表于1965年。该理论假设，所有团体的形成或动态发展都经历了一系列的阶段，包括形成期、激荡期、规范期和执行期。后来在1977年，他增加了第5阶段——休整期。

无论你是带领一个线上项目还是线下项目，必须记住非常重要的一点，即你的团体可能正在按照他们自己的方式和时间节点发展。在每个阶段团体都会呈现出特别的议题，这时就需要不同风格的引导。在一个进程紧凑的项目当中，团体发展的典型阶段可能会更加显著，例如一个周末的团体教练静修营或一年的团体教练项目。

另一个非常重要并且值得注意的地方是，不是所有的团体都按流程顺序发展，有的可能是在两个阶段之间摇摆。

作为一名团体教练，你需要注意安全、冲突和相互依赖通常需要什么，以及你自己的风格需要做出什么调整。当然还要切记，所有这一切都基于你的核心教练风格和方法。

　　表 3.1 汇总了一些团体在各个发展阶段的关键特征。作为一名团体教练，你可以做些什么来满足每个阶段的团体需求呢？

表 3.1　团体发展的阶段

发展阶段	团体特征	寻找什么／你可能发现什么	引导方法
形成期	成员彼此非常有礼貌，可能会有很多担心和忧虑。例如，我将会从这个项目中获得什么？团体中的其他人是谁？这值得我投入时间和金钱吗	大家比平时更加安静 大家非常有礼貌 教练可能需要邀请那些安静的成员参与进来	团体需要依赖引导师／教练 引导师应该进行引领并且需要为团体提供框架和方向 与团体成员共同设定主题和工作方法，并留有空间 设定一个积极正向且安全的基调 讨论保密原则 为团体创造机会让大家彼此认识，确定他们的议程和工作方法
激荡期	有噪音 有冲突 团体成员正在明确自己在团体里面的作用并明确自己的身份 如果成员感受到不舒服，"是留还是走"就会变成一个普遍的问题 斗争和离开	评头论足 惊奇、愤怒 公然冲突 有消极、冒犯的行为 因为冲突而感受到不舒服的人可能保持沉默或退出	对于教练来说，关键是要保持团体的流动，确保发展的方向正确 当团体成员探索他们如何共同工作时，出现冲突是正常的 可应用的技巧包括：积极聆听，澄清意见，用好奇创造开放的对话；可能需要关注活动之外的"问题"人物；聚焦于人们在学习如何共同工作时产生的议题
规范期	凝聚 团体成员之间彼此感觉舒服 团体成员之间想要彼此讨论和分享经验	在分享和交流经验时，团体成员感觉非常舒服	聚焦于发展过程，并在需要的时候提供一些资源和框架 团体发展在这一阶段通常是平稳的，但是可能需要帮助和支持以便在规定时间内做出决定和采取行动 提供一些活动支持团体建设以及练习如何共同高效工作 需要考虑的问题有：你需要知道什么？发生了什么把你带到了下一步？下一个阶段要做什么

发展阶段	团体特征	寻找什么／你可能发现什么	引导方法
执行期	团体成员之间彼此依赖 执行期在两个人、小团体和较大一点的团体中都是非常有效的 在公开分享信息和有效工作方面，团体将到达顶峰（例如提出问题、支持他人）	有非常多的对话和分享 在团体里面积极担当 团体成员之间相互依赖	聚焦于问题解决和做出决定 组织一些活动让参与者互动并且思考一些问题 引导总结和反思（例如，你学习到了什么？你观察到了什么？那个有多么重要？） 引导将学习收获转化到真实的生活当中：学习到的收获如何能够运用到真实的生活之中？你将会做些什么不同的事情？你将会如何运用这些收获
休整期	收尾 团体聚焦于收尾，将学习收获转化到他们自己的真实生活当中，彼此说"再见" 尘埃落定	伤感 庆祝 面对结束阶段，感到不舒服的成员会选择离开 有达成和完成的感觉	组织一个项目的收尾活动或者是让参与者回到真实的工作或生活环境中去的过渡期 共同回顾大家所选择和经历的学习过程 总结曾经探讨的关键议题和出现的主要学习收获 聚焦于收尾和在工作／生活情境中的转化 创建项目结束之后的连接，运用社群、简讯、虚拟团体、共同空间、虚拟社群等 庆祝

最佳实践——创建一个安全空间

不管是团体教练、工作坊还是静修营，通过创建一个安全空间来为你的团体项目打造积极的学习环境是非常重要的。

创建一个安全空间需要具备哪些核心部分呢？

首先是保密性。保密性对于任何形式的团体教练都是极其重要的，特别是当这个团体是由同事或者生活在同一社区的人组成时。因为通常团体教练会泄露一些个人信息，而这些可能不会在平时的团体中进行分享。在每个团体项目开始时，我会将保密原则列入我们的基本规则之中，并且会要求团体成员来定义：保密对于他们来说意味着什么？这也是创造"共同工作的方式"的一部分。

其次，团体项目能够为参与者提供机会去拉伸和探索他们生活和工作中的一些方面，这些可能在其他时候没有被触碰过。作为一名引导师，要认识到每一个人的拉伸点看起来是不同的。对于某个人而言非常容易的事情，对其他人来说可能就是离开舒适区的一次大拉伸。在项目开始之前或项目开始后，了解你的参与者以及他们的需求和他们的舒适区，将使你能够最有效地支持他们。请你自问一下，在整个项目过程当中你是否对每一位成员进行了单独的检核，或是对整个团体进行了检核（特别是当这个项目比较长或者有很多期的时候）。

最后是这个过程要确保公开透明。只要有可能，我就会基于已知的参与者的需要来共同设计项目，这些需要是源自前期的需要评估。当我作为一名外部引导者与客户签订合约时，我会安排一些时间与出资人讨论他们对于我的预期以及我作为外部中立第三方的工作理念。实际上，除了让团体成功，没有什么其他的议题。

你还会如何为参与者创建一个安全的空间呢？你怎样才能够确保他们可以最大化地拉伸、探索和学习呢？

学习风格

成年人是如何学习的？研究表明，有 60%～72% 的成年人是视觉学习者，12%～18% 的成年人是听觉学习者，18%～30% 的成年人是动觉/触觉学习者。

作为学习者，我们每个人都运用不同的方法学习。每个人都会有一个占主导地位的学习方式，可能是视觉、听觉或触觉（通过触摸）学习。除了占主导地位的学习方式，我们通常会有一个不同学习方式的优先组合。

视觉学习者

将近 60% 的成年学习者都倾向于选择视觉学习，这意味着他们真的很喜欢白板和一些能够看得见的事物。一名视觉学习者偏好用五颜六色的表格、图片和照片填满 PPT。在线上或是电话中，如果你没有提供足够的视觉支持，视觉学习者的学习就会落在后面。视觉支持可能包括在电话会议之前发给大家的小册子或模块化的注释，还可以添加网页模块（例如通过 WebEx 或 GoToMeeting）让他们能够看到相应的 PPT。

视觉学习者在学习的过程中是通过景象来获得支持的，他们受益于大量的图表，包括色彩丰富的表格、图示、照片和 PPT。因为视觉刺激方面的需要，他们会觉得通过电话开展的项目会挑战他们的学习参与度，尤其是在没有视觉线索的时候。如果可以选择的话，视觉学习者可能更喜欢网络研讨会，因为这样可以获得更多的视觉线索。

为视觉学习者提供支持

在团体教练项目中，你如何能够让参与者获得视觉信息呢？不管是工作坊、静修营还是团体教练项目，这里有一些建议可以支持视觉学习者，具体包括：

1. 为参与者提供一个手册或讲义，让他们能够看到并跟上讨论的内容。这一点对基于电话的项目尤为重要。

参与者手册和讲义还能够达成其他目的，比如：

· 为大家勾勒出主要的学习重点以便向前推进；

· 作为一个市场营销工具出现，上面有你的联系方式、个人简历以及其他任何与下一期项目相关且可能适用的信息。

准备一个小礼物，可以是：

· 一个空白的日记本；

· 用 Word 编制的工作手册；

· 通过 USB ／ CD 分发的电子工作手册；

· 线上工作手册的链接；

· 空白的明信片，参与者可以在上面写下他们将会带回到办公室的行动项和 ／ 或承诺。这个也可以是间接的市场营销工具。

你还能够提供其他什么伴手礼呢?

2. 对于线下项目，你可以发给每个小组一张白板纸，让他们总结已经讨论过的重点内容。这些内容还可以在更大的小组内进行分享，然后贴在墙上留待以后做参考。

3. 我最喜欢的一个结束环节是"艺廊街"。在这个练习中，每一位参与者都会有几分钟的时间在举办项目的房间里走动，看看所有在工作坊当中书写的板书。我常常会邀请参与者带着他们认为排名前三的收获或行动项来开始这个活动。关于这个练习的更多信息请参见附录：团体教练的练习活动。

4. 我经常会向参与者介绍另外一个小技巧，就是将事情写下来。从生理学的角度来说，简单的书写动作能够加深大脑中的印象，而且写下来的事情还会成为未来的一个参考，帮助人们保持聚焦，同时支持大脑的学习功能。

5. 合理使用 PPT！为了避免发生 PPT 卡顿现象，可以使用白板、照片以及其他的工具来让内容易于记忆。团体教练的重点主要是讨论和自我发现，而不是内容和课件。

当开发练习活动时，请考虑如何让参与者创造出"视觉输出"，例如拼图、图画和视觉板，而不仅仅是言语上的讨论。

在项目当中，你还可以使用其他什么方法来支持视觉学习者呢? 你会将什么想法融入下一个项目当中呢?

听觉学习者

在今天的虚拟教室里面，听觉学习者是非常舒服的。因为听觉学习者可以通过聆听他人的演示和讲解，以及通过与他人对话获得最好的学习效果。听觉学习者真的会受益于电话和线上项目，或者被这类项目所吸引。如果你正在通过电话或网络开展团体教练工作，记住通话的时长、互动性以及其他能够确保投入度和检视投入度的检核点都非常重要。

为听觉学习者提供支持

在整个项目当中，支持听觉学习者的具体办法包括：

· 为参与者提供充足的机会来讨论他们的想法，比如分享和聆听小组或团体中其他人的想法，也可以两人一组或三人一组进行分享。
· 考虑建立一个合伙系统，在系统中，参与者可以通过电话进行联系，开展头脑风暴，讨论学习收获，检核所承担任务的进展。
· 如果有一定的空间距离或者是线上项目，那就要确保有部分或者全部的音频材料，这比单一的书面材料要好得多。
· 开发播客作为两期活动之间支持学习者的一部分内容，例如15分钟的短音频。
· 安排跟进电话以确保团体保持前进的动力。

触觉学习者

触觉学习者是通过做来学习的，这可能会涉及书写、画画、拼图或其他肢体练习。触觉学习者喜欢行动和活动，对于他们来说，把事情做出来和自己去发现都会让他们激动不已。

教练需要让触觉学习者参与进来，并且创造机会让他们自己发现学习收获。教练也可以在团体教练项目中使用简单的练习满足触觉学习者的需求，例如思维导图。

为触觉学习者提供支持

触觉学习者通过做来学习。非常幸运的是，很多的教练工作都是基于触觉的，都是关于自我发现和行动的。为了能够满足触觉学习者的需要，教练可以做的事情包括：

- 采用以身体为中心的方法或者在教练的过程中使用地图。
- 通过亲自示范练习的方式让参与者积极投入。例如，不仅让参与者简单地谈论他们的职业或者个人愿景，还可以让他们创作拼图或者愿景板。
- 鼓励客户画画，可使用陶土甚至雕刻。
- 将人物雕像引入练习。

作为一名团体教练，需要对团体成员所具有的不同学习风格保持敏感。你需要调整活动和交付方式以满足多种学习风格的需要，因为在任何一个团体里面，你都很可能同时遇到多种风格的学习者。

在第一期活动或是注册过程中，你可以与团体成员讨论：作为项目的引导师，你应该就他们的学习风格了解些什么。

你的教练风格及偏好

你所偏爱的学习风格是什么？请思考一下：你如何学习效果最好？

你在线上就可以完成学习风格评估，例如在电脑浏览器中输入 Online Free Learning Style Assessment（在线免费学习风格评估），搜索不同的学习风格评估。当你思考自己的学习风格时，请考虑：

- 你的学习风格是什么？
- 你对其他风格有什么偏见？
- 为了满足其他学习风格者的需要，你要在头脑中记住些什么？

重要原则：当开展项目的时候，请尽可能允许参与者挖掘和使用多种不同的学习方法和感知方式。

如果能时刻觉察自己所偏好的学习风格，你就能够了解作为引导师所持有的一些偏见。例如，如果你是一名听觉学习者，你的项目可能充满大量的音频资料，而不会准备足够的书面材料、海报或者板书来满足视觉学习者的需要。

同样地，如果你是触觉学习占主导的学习者，你可能偏好通过做来学习，因此不会为视觉学习者或听觉学习者提供足够的支持。

思考问题

为了更多地了解你自己的学习风格，你可以在线上做学习风格测评。请在网页浏览器中输入 Learning Style Assessment，看看会出现什么评估。我经常推荐给客户的一个学习风格评估是在 www.learnactivity.com 上发现的。

自我反思

我是什么学习风格？（视觉？触觉？听觉？）

_____

_____

我的风格具有哪些特征？

_____

_____

对于我的学习这意味着什么？

_____

_____

对于我的教练活动这意味着什么？

_____

_____

对于团体项目这意味着什么？

_____

_____

当你分析正在与之合作的团体时，请问问自己：

· 当下团体所呈现的是什么学习风格？

· 我需要注意些什么？

· 我将如何调整自己的风格来满足他们的需要？

· 我将如何调整自己的练习来满足他们的需要？

其他影响

身为团体教练，保罗·福瑞尔（Paul Friere）是我的最后一位教育影响者，第一次接触他的作品时我还是一名本科生。

保罗·福瑞尔是一位非常严格的知名教育家，他在 1973 年出版了《压抑的教育》，在 1993 年出版了《希望的教育》。福瑞尔作品的主要假设是，成人教育的目的是改变社会。

正如帕特里夏·克拉通（Patricia Cranton）所说的，福瑞尔的一些主要假设是：

教育者也是学习者，需要聆听和理解每位个体的需要和文化背景。

学习者通过与老师的对话积极地参与到学习过程之中；老师与他们是共同的学习者。

对于教和学的过程，教育者和学习者都负有责任。

我们在第 2 章的商业案例和学习案例中已经看到，团体教练更加注重收获集体的智慧，具备影响更多人的潜力，所以它能够成为改变社会的工具。这一点与福瑞尔的假设非常相似，我们身为教练也经常会发挥共同学习者的积极作用。

本章回顾

· 回顾成人学习的原则和相关问题。

· 思考如何才能够将体验式教育方法融入你的团体教练工作当中。

· 思考关于学习风格的问题。

第 4 章
团体教练的核心技能和最佳实践

一名团体教练的胜任能力源自他对教练所秉持的信念、价值观和热情，这些能够让他非常勇敢地站在团体和听众面前进行教练。彼时他的自信就来自对教练过程的信任。

——MCC 金格尔·科克汉姆

本章我们将会继续探讨团体教练的基础，同时回答下述重要问题：

· 团体教练与个人教练有什么异同？

· 团体教练具备哪些核心技能？

· 团体教练的最佳实践是什么？

团体教练与一对一教练有什么相似之处

团体教练和一对一教练有诸多相似之处，大部分一对一教练的核心技能、工具和方法在团体教练的情境下都能够使用。团体教练也是基于 ICF 定义的 11 项核心胜任能力开展工作。

国际教练联合会为教练定义的 11 项胜任能力包括：

1. 设定基础
   · 遵守道德准则和职业操守
   · 建立教练合约
2. 共创教练关系
3. 同客户建立信任与亲和关系
4. 教练同在
   · 有效沟通
5. 积极聆听
6. 强有力发问
7. 直接沟通
8. 创造觉察 9. 设计行动
10. 设定计划和目标
11. 管理进程和责任

国际教练联合会的网址是 www.coachfederation.org。

一对一教练和团体教练之间显著的相似之处包括：

1. 以客户的议题为中心：以客户的议题为中心是所有教练会谈的核心原则。教练关系就是基于允许客户自己设定议题、基调和关注点的，团体教练亦然。在团体教练中，我们基于参与者的需要来创建一个项目。在第 5 章的团体教练的客户评估内容中，你能够看到关于这个主题的更多讨论。你的客户想要从这期活动中收获什么？你如何确保是客户的议题在驱动着进程，而不是你的议题？

2. 保持灵活性或者是带着客户的需要"与当下共舞"。"与当下共舞"是一种流行的教练主义，意思是对客户所呈现出来的东西要保持灵活性。从实用的角度来看，在团体教练情境中"与当下共舞"是指对客户想把时间花在哪里、怎么使用时间以及涵盖什么话题保持灵活性。

3. 不执着于特定的成果。团体教练和工作坊的关键不同就是不执着于特定成果。在团体教练情境下，成果目标应该是在项目开始时由客户定义好的，教练应该按照客户的节奏和时间安排来选择探索一个领域，并且从他们的角度评估项目带来的影响，而不是按照教练自己的方式。比如询问他们"这期活动对于你已经产生的影响是什么"或者"你最大的学习收获是什么"，将其作为教练自己定义的成功或失败标准，很可能与客户从这个项目中实际所感受到的收获完全不同。

保密原则

保密是所有团体教练工作的一个核心原则。其最基本的要求可以定义为"在团体里说的，就保留在团体之内"。在项目伊始，教练特别强调这一原则并安排时间进行讨论是至关重要的。

保持一致的核心教练技能

无论你从事一对一教练还是团体教练，有几项核心技能总是应该保持一致，这些技能包括：

聆听——这是所有教练模型中的一项核心技能。很多的教练模型中还包含深层次的聆听，例如共创教练模型中的三层次聆听：

· 第 1 层：聆听自己；
· 第 2 层：聆听客户；
· 第 3 层：全然聆听（意识到在你周围的环境中发生着什么，例如狗叫声、呼叫的能量甚至电话掉线）。

在团体教练过程中，高效的教练不仅要聆听到团体成员已经说出来的内容，还要聆听到他们没有说出来的内容。

在你的团体教练过程当中他们没有说出来的是什么呢？

运用强有力发问——发问是任何一对一教练会谈的支柱，会驱使大家对团体教练过程全情投入。关于创造强有力发问的特别之处，你可以在附录以及第7章中找到。

你的前 10 个强有力发问是什么

运用好奇心——运用好奇心是教练们运用的关键方法。与带着答案而来的咨询师相比，教练从一个好奇之处开始，能帮助客户更加清楚地了解他们已经知道的东西，比如：是什么让客户这么做？他们真正感兴趣的是什么？从好奇的地方开始比从已知答案开始更能够让团体成员感受到他们已经被听到。

如何与客户一起从好奇的地方开始？

每个人都行——每一位参与者都会带着自己各种各样的生活经验、视角和洞察来到这个项目，"每个人都行"这条原则能够使你和整个团体充满欣赏，充分利用所有参与者的多样性。

拓展客户的洞察并支持他们采取行动——创造机会让客户深化学习收获与洞察，同时采取行动向前推进。没有行动的洞察不会带来改变，没有洞察的行动不会带来成长。

创造机会让客户深化学习收获与洞察，同时采取行动向前推进。

你的团体教练练习是如何支持洞察和行动的？

运用询问、挑战和请求——教练的核心技能询问、挑战和请求在继续帮助客户运用新的学习收获方面起到了关键作用。大部分教练模型的前提都是"深化学习和促进行动"，因此询问、挑战和请求能够支持客户深化他们的洞察，并在两次教练活动之间采取行动。

这一周你为客户布置了什么样的练习、询问、请求或挑战？你又如何检核呢？

为担当创造机会——请牢牢记住，真正的教练发生在两次教练活动之间，即当客户采取行动将学习收获整合到真实的生活和工作当中时。只要有可能，你就让每一位团体成员明确在下一次教练活动之前要采取的行动、承诺和担当。

在这次电话教练中你采取了什么措施为参与者创造勇于担当的机会？

创造协作和对话的机会

正如玛丽·艾伦所说："在团体教练中，你要去挖掘整个团体的智慧，这不仅关乎你提供什么，还关乎经验分享，以及人们是否能够真正地彼此连接。我还喜欢在团体教练中为参与者设定组织构架，以便他们能够在两期活动之间进行互动，包括 2 ~ 5 人的小智囊团和线上论坛。雅虎团体是我使用得最多的一个。"

在下一个项目当中，你可以做些什么来确保团体成员继续保持对话？

分享直述要点技能

如果说在一次单独的团体教练活动中听到所有人的声音是非常重要的，那么与客户分享直述要点的技能或放大故事核心要素的技能也非常重要。部分客户经常会讲述冗长的故事吸引其他客户，削弱其他客户的聆听效果。所以你需要与客户分享教练技能当中的直述要点技能，甚至可以通过一个姿势来表达这一要求，这样一来，当需要直述要点时整个团体的成员就能够承担起自己的责任来。

我使用直述要点技能比较成功的案例是在一个女企业家团体里面。在我们第一次共同活动时，有几位成员就很明显地表现出她们非常善于表达，具备掌控对话并可能伤害到整个团体的潜力。

为了积极应对，在第一个小时里面我就给团体介绍了直述要点技能。我是这样介绍的："在团体教练过程中，我们共同工作的一个重要部分是保证每个人的声音都能被听见。作为成功的企业家，各位的成功中一定包括与客户进行清晰明了的沟通。为了落实好这两个理念，我与大家分享一个叫作直述要点的教练技能。在沟通过程中，我们直述要点是想获得内容的核心和精髓，而不是讲一个冗长的故事。当各位需要对你们自己的评论直述要点时，我会给出一个标志性姿势作为提示，而不是打断。"

接着我演示了一个姿势，首先将手举过肩膀，五指张开，然后再把手放到我的髋部并紧握成一个拳头。最后我问大家如果这个就是我们共处时的直述要点姿势，他们是否能够采纳。他们都同意了。

在我们共同工作期间，这个姿势和直述要点技能成为非常有利的工具。任何时候，只要有团体成员开始讲述一个冗长的故事，这个姿势就会出现。当团体成员之间更加信任并感觉舒适之后，他们也开始使用这个姿势，就这样为他们自己的学习过程承担起了责任。

问题思考——核心教练技能

请大家自问下述问题：

· 我引入其他什么核心技能可以对团体教练有所帮助？

· 我擅长什么技能？

· 我还需要提升什么技能？

还要考虑：

· 在团体教练和一对一教练之间我还看到了什么其他的相似之处？

· 在团体教练和一对一教练之间我还看到了什么其他的不同之处？

· 团体教练和一对一教练的不同是什么？

团体教练还需要什么工具和技能

除了可以将在个人教练中使用的基本技能作为团体教练的强大基础外，教练还可以将几个其他的工具添加到工具箱之内，比如：

· 对团体发展过程的理解；

· 对成人教育原则的理解；

· 对体验式教育的理解；

· 团体引导的技能和经验。

第 3 章列出了关于团体发展过程、成人教育和体验式教育的基本观点。

在获取团体引导的技能和经验方面，请问问自己："我还需要获得什么技能？"

MCC 金格尔·科克汉姆发表了一些关于团体教练技能和工具的文章，深化了我们对团体教练核心技能和方法的理解。

必要的练习：创建基本规则

在下一个项目（工作坊、静修营或团体教练项目）开始时，你需要及时帮助团体建立一些基本规则、工作方法或是关于投入度的词汇，从而为所有团体成员创造一个安全的甚至有趣的环境。

在任何一个新的团体教练项目开始前，安排些时间创建一个基本规则清单或者是工作方法清单是非常重要的。将清单写出来，可以在整个项目当中进行回顾。我的典型做法是，用5～10分钟与每一个共同工作过的团体创建"团体宪章"或者一系列需要共同遵守的基本规则。这一点与一对一教练中的共同设计是非常相似的，并且也是创建教练合约的一部分。在团体教练的情境下，这个部分引导了团体的共同设计。我会在团体刚刚形成的时候就创建基本规则和共同工作方式。对于已形成的完整团体，当我做一个半天或者时间更长一些的项目时也会使用这个方法。

我喜欢让整个团体按照他们自己的方式工作，有很多次都是团体成员自己创建一份完整的清单，有的团体可能还需要一些促动。此外，我会建议团体将下面的基本规则包含在清单之内：

· 按时开始和按时结束；

· 保密原则（在房间里面讨论的，就保留在房间里面）；

· 尊重他人的经验、不同和观点；

· 参加电话会议之前充分准备——包括复习资料，明确自己的关注点和议题；

· 在电话会议期间保持专注——请关闭电脑、手机等；

· 每个人都要分享；

· 在项目进行过程中同意参与其中或者充分发挥。

这些原则和工作方法可能看起来是非常基本的要求，但人终归是人，团体终归是团体。我会将团体宪章、基本规则、工作方法张贴在会场，这样就能够在项目过程中进行回顾。有时候，在一个多期的项目当中，我们需要回顾这些规则六次。

你也可以在线上的环境中引导这一过程，比如针对通过电话完成的项目，你在第7章可以看到一些调整建议。你也可以通过线上的通知板来张贴规则，或者使用电子邮件在成员间进行传阅。

现场之声：
核心教练技能和实践

为了完成本书的写作，我采访了许多教练，采访时我问他们："你使用的核心教练技能都有哪些？"当你读到这些核心教练技能时，请留意哪些是你当前已经很擅长的，还有哪些是你需要再进一步提升的。

丽塔·维斯：

·设定基本规则。

·让每一位参与者设定清晰明确的目标——目标是什么？何时达成？

·通过明确具体的澄清，确定每一位参与者的成功看起来是什么样子的。

·积极聆听。

·确保是团体承担了获得成功的责任。

·有一个聚焦且灵活的议程。

·评估和总结胜任能力（作为教练项目的一部分）。

·在团体内组建一些共同工作的小组。

·在团体情境下管理和引导学习过程和团体发展过程。

MCC 玛丽·艾伦：

·围绕团体的议题放大价值。

·确认。

·汲取集体智慧。

·创造安全空间。

·与团体全然同在。

·提出强有力的启发性问题。

·归纳概括参与者所表达的内容。

·总结复盘。

·行动落地。

·担当。

CPCC 海蒂·米歇尔：

我使用强有力发问、积极聆听、三层次聆听、直觉、平衡、满足感和过程教练。

CPCC 吉尔·麦克法迪恩：

我的生活教练技能是关键之处，这一点能够帮助参与者转变视角并且意识到自己已经被听到。此外，我对应聘的理解也是一个关键之处。

ACC 莫林·克拉克：

通常来说，所有的 ICF 教练核心胜任能力（本章前文已罗列）以及国际引导师协会的核心胜任能力（请参照第 1 章）对团体教练都是有帮助的。

此外，作为一名团体教练引导师，我更赞同将这些技能在团体中进行更加广泛的运用——有点像教练和引导的联姻。

马洛·尼基拉：

·聆听技巧。

·创造和提供视觉和听觉资源，如笔记、记录和照片。

·使用会员网站。

·善于创造和开展练习——在电话会议前或电话会议进行期间。

·重新确定方向并将团体带回正轨。

·嘉许。

·建立一个安全空间并给予客户时间和空间进行互动，让参与者在项目开始之前能够见面和分享。

安·迪顿博士：

· 聆听。

· 相信我连接的直觉。

· 提问而不是告知。

· 保持透明。

· 告诉客户真相。坦率地告诉大家，当下我们不确定能够去到哪里，
  我们可能有两三条路可以走，最后让团体共同决定想去哪里以及什
  么是重要的。

· 坦露不同程度的脆弱点。

· 在教室里面多走动，同时与客户确定他们可以带走的收获是什么，
  让团体教练过程显得更具行动导向性。在教练过程快结束时问客户：
  "今天引起你共鸣的是什么？你将会做些什么？"

· 教练技能。

· 放手。

PCC、CPCC 维多利亚·费茨·米格雷姆：

聆听、直觉、与当下共舞、隐喻、空间感、脆弱点、幽默和轻松。

CPCC 琳达·蒙克：

· 深度聆听技巧，真正了解参与者最看重的是什么。

· 强有力发问——站在客户的角度帮助客户强化学习收获并促进行动。

· 理解团体动力和团体发展过程。

· 培训和引导技能——在团体教练项目当中，通过教练的方式完成信
  息分享和教学。

· 课程开发技巧——在第一次就写出项目大纲，列出所有的工具和支
  持性材料。

CPCC、ORSCC 蒂娜·科尔伯特：

对所有的团体我都会：

· 使用组织和系统关系教练。

· 在开始时就设计一个联盟。

· 问问团体成员，为了让大家参与到达成目标的行动中，大家需要如何互动或者彼此帮助。

· 在活动即将结束的时候，询问什么是有效的。

· 询问通过活动，整个团体收获了什么，每个人收获了什么。

· 下一步是什么？

· 大家共创下一次团体教练活动的议程。

CPCC 艾娃·葛瑞戈利：

· 围绕团体议题进行——放大价值。

· 创造一个安全空间。

· 与团体全然同在。

· 提出强有力的启发性问题。

· 归纳参与者所讲的内容。

· 与整个团体进行对话，并且与参与者单独对话。

· 保持真实。

· 巩固学习收获。

· 打破常规。

· 运用幽默／娱乐以保持轻松的氛围。

· 汲取集体智慧。

· 使用激光教练。

· 运用故事、案例研究或隐喻。

团体教练的最佳实践

最佳实践，是可以更加有效地交付特定成果的一个方法、过程、活动、动机或奖励等。

——维基百科（Wikipedia）

不管你是为公司还是为公众开发一个团体教练项目，不管这个项目是线下还是线上的，这里都有一些最佳实践供你参考。本书将会介绍一些最佳实践，包括特别的小技巧和工具，当你在不断打磨自己的团体项目时，可以思考如何将其整合进去。

少即多

团体教练最为重要的一个最佳实践就是"少即多"原则。很多教练都试图在团体教练项目中输入过多的内容。就像我们在前面几章中所看到的，团体教练和培训的一个关键不同之处就是，前者更多是自我发现，而不是学习固定的技巧或碎片信息。

在你的项目当中，要确保参与者有足够的时间投入已设定的练习和话题讨论之中，并进行探索。

每位参与者的学习方式各不相同

我们在第 3 章曾讨论过，在投入度和参与度方面，客户的学习风格起着关键作用。

请牢记，有些参与者是视觉学习者（通过看来学习），有些是听觉学习者（通过听来学习），还有一些是触觉学习者（通过触摸和行动来学习）。在任何一个团体里面，你都可能会遇到这些不同学习风格的典型代表人物。你在项目当中安排的活动，应该能够满足一定范围的各类学习风格者的需要。请你根据实际情况安排活动，具体也可以参考附录。

在两期教练活动之间布置任务

"教练的作用真正发生在两次会谈之间"是教练行业的格言。真正的转变是发生在教练会谈之外，即当客户能够运用他们获得的新洞察开始采取行动之时。就像教练在两次会谈之间为个人客户布置要求、挑战和询问一样，请在两次团体教练活动之间布置一些任务。

在团体教练项目开始之前和参与者见面

在项目开始之前与参与者见面，确认他们的真正需要是什么。按照培训行业的专业术语，这个叫作"需要评估"。在个人教练中，这是一个逐步发现的过程。在团体教练中，可以通过多种方法挖掘团体客户的真正需要是什么，具体包括：

- 在注册时或项目即将开始时，与参与者进行一次 10 ~ 20 分钟的简短电话沟通。
- 运用调查问卷。
- 运用网页上的调查程序。

教练要选择一个既能反映客户需要，又能体现自身哲学特点和方法的形式。对于繁忙的专业人士来说，一份简短的网页调查问卷可能比时间稍长的电话访谈更加合适。对于企业团体，在活动开始之前安排 15 ~ 30 分钟的访谈，可能会发挥更加充分的作用。关于在见面时可以问哪些问题，你可以在第 5 章中找到。

与一名伙伴结盟

请将协作和结盟引入你的领导力，寻求与他人结为伙伴的机会。如果和一名引导师共同承担这份工作，你自己和客户都能够增加额外的收获。你可以在 http://www.groupcoachingessentials.com 网站上下载一个附赠的章节，里面包含了一些关于共同引导的技巧和更多的信息。

启动一个项目时给自己留一些空间

许多教练都会有几个团体项目同时进行，有些是通过电话，还有些是线下项目。为了确保你为自己留有足够的休息空间，以便圆满完成新项目的市场营销、开发和启动，请你问问自己："我的最佳选择是什么？最紧急的任务是什么？"

利用你现有的内容

试想一下，如何将你现有的项目发展成为其他的项目和服务。请充分利用你现有的内容以及已经建立的精巧的市场营销方法。例如：你如何将一个线下团体教练项目开发成一系列的电话峰会项目？怎么将部分内容开发成为一本电子书？

在本书中我会提供一个开发项目和服务的参考模型，帮助你通过使用相似的内容创造出不同的服务、项目和产品。在第 8 章市场营销部分，我们还会针对如何充分利用你的现有内容进行讨论。

匹配你的项目和你的激情

一个内容充分的团体教练项目需要很多个小时才能完成开发。按传统的辅导设计方法，预计交付 1 小时的辅导需要准备 15 ~ 40 个小时。团体教练的设计和准备时间，可能接近这个范围的下限，并且还需要依赖你的激情。

当你考虑开发自己的团体教练项目时，请问问自己下述问题：

· 对于项目主题你真的充满激情吗？

· 你曾经有多少次想过要运作一个项目？仅仅一次，还是每个季度一次或是每个月一次？

· 你的项目主题怎么才能够进一步被开发成其他的项目？

成功的市场营销

市场营销是第 8 章的重点，许多伟大的教练在这个环节都表现得不是很成功，因为他们不能确定团体的需要。能够确保在网上听到客户的声音或是让参与者聚集在教室里，这一点与设计一个出色的项目同等重要。第 8 章将会为你提供项目市场营销的思路和技巧，包括公司内部的项目，也包括针对公众个人的项目。

有助于市场营销成功的一些关键技巧包括：

· 坚持。因为在潜在的客户愿意购买之前，有时我们需要提供 7 次方案。
· 确保你的营销信息与需要服务的客户相匹配。
· 那些已经体验了你的服务或产品并感到满意的客户，比那些"还不知道你的客户"更有可能购买。
· 口碑营销总是广泛传播的最佳方法。

保持时间安排的灵活性

在项目实施过程中，时间安排非常有可能是变化的。经过一次项目测试之后，你可能会意识到现有的内容和你所希望包含的内容，对于为期 6 周的项目会更加合适而不是当前为期一个月的项目，或者每次电话会议都应该额外延长 15 分钟。切记要保持时间安排的灵活性。

确保你已经完成了评估

反馈和测评的力量总是不可忽视的。参与者对你的项目说了些什么？对你的资料呢？对你的方法呢？他们的需要是否得到了满足？这些信息对于市场营销和未来的项目开发都是非常关键的。专门的评估技巧和方法，将会在第 7 章中进行探讨。

将跟进作为一个增值项

在项目结束 2 周、4 周或者 6 周之后，你可以召集参与者参加一个跟进电话会议，将其作为一项免费的增值服务。会议的关注点可以是庆祝和担当。跟进电话会议也是获得反馈的一个重要方法，能了解项目给参与者的工作和生活带来了哪些长期影响。

学习收获的转化不会在一夜之间发生，因此在项目结束之后通过与团体成员的见面，你将能够更加有效地测量教练的真实影响。这些以后也会成为市场营销和项目开发中的重要部分。

研究表明了什么

在 2009 年年初，空中研究院发布了一份高管团体教练调查结果。这份调查完成于 2008 年 8 月至 10 月之间，接受调查的人们来自欧洲、北美和亚太地区，总共涉及 40 个国家。这份调查总结了团体教练在高管领域获得成功的关键因素，其中比较突出的前四个关键因素是：

· 教练具备建立信任和亲和的能力（23%）；

· 定义目标的过程（22%）；

· 确保规则清晰（12%）；

· 接受教练的意愿程度（12%）。

这项研究定义的成功的关键因素包括：

教练	过程	客户
教练具备建立信任和亲和的能力	定义目标的过程	接受教练的意愿程度
教练的经验	确保规则清晰	对尊重时间和全情投入的承诺
教练管理团体动力的能力	对过程管理的认可	对分享想法和感受保持开放
通过管理保证项目的成功复盘		
让团体成员参与		

现场之声：
其他教练的最佳实践

这部分是教练对一个问题的回答，即"关于团体教练你的最佳实践是什么？"。

MCC 金格尔·科克汉姆：

一旦团体成为有形的团体，他们就会接过主动权并且共创团体议程，分享他们最好的商业见解、个人智慧和洞察。团体变成了一个充满力量的、可以从中产生转化的环境。我的最佳实践就是要成为团体的教练，而不是老师或指导者。

MCC 玛丽·艾伦：

在电话会议结束时，问一问"在这次电话会议中你学到的是什么"可以帮助团体成员巩固学习收获。

CPCC 艾娃·葛瑞戈利：

1. 在项目中，运用个体间的认可和团体智慧来创造一个高度互动的空间。
2. 确保创造一个可以游戏和尝试的安全空间。
3. 绝不评判任何一个错误。
4. 总是尝试将个人教练的内容运用到团体中的大多数人身上。

安·迪顿博士：

为团体特别设计一个具有持续吸引力的空间，而不仅是参与者的一个工作场所。

CPCC 琳达·蒙克：

·会议开始之前的一对一准备电话会议以及之后的团体跟进电话会议；

· 在跟进电话会议当中，探索什么有效、什么无效；

· 邀请团体成员做一次测评；

· 创造情感上的安全和信任是非常关键的，例如共创日程、设定保密原则、运用参与者的智慧和经验，这些都是在创造情感上的安全；

· 最重要的是保密原则，当我发出资料的时候，我已经得到了团体成员的许可，将他们的邮箱地址分享给他人。

CPCC 海蒂·米歇尔：

我总是确保每一位成员都做过自我介绍。我会让大家介绍自己，并且说明是什么吸引他们来到了这里。这是创造和谐的一个正确方式。同样，在一系列的活动之间，跟进任务的完成情况也是非常重要的。我还会寄一张卡片给每一位参与者，感谢他们的参与。

ACC 莫林·克拉克：

对于我来说，引导师技能是团体教练中的最佳实践。教练们应该具备：

1. 可以通过教练认证课程获得的严谨的教练技能；

2. 引导技能；

3. 实践经验——带有反馈的认证。

团体教练需要所有一对一教练所需要的技能。此外，我认为其他的最佳实践还包括：

· 在教练会谈之间使用手册指导团体成员运用获得的新技能；

· 在不同的教练活动之间安排反思和应用环节；

· 在他们的所在地与团体成员见面，并且灵活安排见面时间；

· 在整个团体教练过程当中，理解和运用成人教育和行动学习的原则。

CPCC、ORSCC 蒂娜·科尔伯特：

充分准备、设定议程、具有创造力和提供框架等；但是当系统需要呈现一些其他的东西时，可以非常自然地把这些全部抛到窗外。

ACC 吉尔·麦克法迪恩：

詹妮弗·布里顿告诉我要过度准备。最近，我的一份PPT因为客户给我的错误信息而全部被推翻，非常幸运的是我还有其他的资料来填平这个坑。

马洛·尼基拉：

·通过寄出卡片与个人及团体建立关系；

·如果客户有兴趣，我会提供一对一的教练会谈；

·在项目进行期间给予无限制的邮件支持。

PCC、CPCC 维多利亚·费茨·米格雷姆：

为每一次活动建立一个大纲，让每位参与者在分享和获得新的学习收获之间保持平衡，以确保每位参与者都能够投入其中。

丽塔·维斯：

让团体成员自己设定议程，并且使其保持灵活性。

团体教练的自评估

正如我们在前3章里面看到的，要成为一名伟大的团体教练需要思考很多的内容和因素。

通过完成下面的团体教练自评估，你可以弄清楚目前你已经拥有的团体教练技能水平和资源的充分程度，以及目前正处于什么位置。

表 4.1　团体教练的自评估

请对下面各项从 1 ~ 10 分进行打分，1 分表示水平很低 / 没有技能，10 分表示专家级水平 / 强烈同意。											
	1	2	3	4	5	6	7	8	9	10	不适用
团体教练技能											
强有力发问											
在不同层次积极聆听											
设定目标											
创造任务，例如共创一个行动计划											
自我管理											
围绕客户的议程进行											
布置任务，如挑战、要求等											
引导技能											
具备小型团体的引导经验											
团体发展过程											
知道团体发展过程的各个阶段											
知道团体发展过程中可能出现的挑战											
知道如何与参与者相处											
知道如何创造一个安全且私密的学习环境											
知道如何巩固与团体之间的信任以及团体内部的彼此信任											
项目设计（设计时始终记着客户）											
清楚客户想要什么											

续表

请对下面各项从 1 ~ 10 分进行打分，1 分表示水平很低 / 没有技能，10 分表示专家级水平 / 强烈同意。	1	2	3	4	5	6	7	8	9	10	不适用
知道客户面临的议题和挑战是什么											
清楚客户想通过团体教练达成的目标											
我知道客户的偏好是： 　项目交付 　价格 　场地（虚拟的或其他形式的场地）											
项目何时开始（日期和时长）											
有一个了解客户议题的策略，所以知道他们想要被教练的主题											
市场营销											
知道在营销方面自己的优势是什么											
已经为团体教练项目开发了一个市场营销策略											
已经有了一个团体教练项目的营销计划											
能够清晰定义自己的目标市场											
能够清晰说明自己的项目收益											
能够清晰描述自己的项目											

续表

请对下面各项从 1 ~ 10 分进行打分，1 分表示水平很低 / 没有技能，10 分表示专家级水平 / 强烈同意。	1	2	3	4	5	6	7	8	9	10	不适用
项目描述能够很容易地被其他人理解											
能够清楚地描述什么人能够从项目中获益											
能够很清楚地陈述项目特色 —— 自己的项目包括什么											
宣传											
有一个预期的客户清单											
有一个线上营销的资源清单											
知道如何在线下营销项目（针对局部区域）											
有一个能够传播项目的人脉网络（线上网络或个人网络）											
材料设计											
知道参与者的手册里面要包含什么内容											
知道 PPT 设计的要素是什么											
知道板书的要素是什么											
为团体准备了一个可见的线上讨论白板											
有一个能够浏览和下载一些材料的线上空间											

续表

	1	2	3	4	5	6	7	8	9	10	不适用
请对下面各项从 1 ~ 10 分进行打分，1 分表示水平很低 / 没有技能，10 分表示专家级水平 / 强烈同意。											
项目交付											
知道在项目交付过程中可能出现的典型问题											
知道使用什么支线服务											
在电话会议中至少有一个支线											
知道问什么问题来进行评估											
对于线下项目有一个基本的供方目录											
有一套关于提案的很好的资源（书、培训等）											
有一些可用的场地											
团体项目系统											
有一个合适的注册登记系统											
有一个流程来跟进出席情况											
有一个取消的制度											
有一个合适的押金制度											
购买了合适的、必要的保险											
能够记录电话会议											
有线上讨论板、聊天室或博客来供参与者使用											

续表

请对下面各项从 1 ~ 10 分进行打分，1 分表示水平很低 / 没有技能，10 分表示专家级水平 / 强烈同意。	1	2	3	4	5	6	7	8	9	10	不适用
可以提供 PDF 版表格											
有一个系统接受邮件支付											
有一个系统接受线上支付											
有一个系统接受电话支付											
有一个适用的发票开具系统											

请回顾你在这些主要类别上的评分：

· 团体教练技能；

· 团体发展过程；

· 项目设计；

· 市场营销；

· 宣传；

· 材料设计；

· 项目交付；

· 团体项目系统。

我的优势包括：

_____

_____

我需要尽快提升的方面包括：

_____

_____

我特别想要落实的事情是：

_____

_____

针对本次评估结果，我将采取下述行动：

_____

_____

本章回顾

· 你确定将会引入团体教练项目中的核心技能有哪些？

· 你需要提升的技能有哪些？

· 你确定想要整合到工作之中的最佳实践是什么？

第 5 章
设计属于你自己的团体教练项目

有一个真实的自我……它的本质就是永恒的觉知……它永不停止体验，体验那无限的表达。它是坚定不移的。它就是灵性本身。

——商羯罗（Shankara，印度经院哲学家）

设计团体教练项目的第一步就是了解你的客户。不管你是与公众个人团体共同工作的教练还是与组织中的团体共同工作的教练，也不管你是内部教练还是外部教练，最重要的是你需要站在客户的视角设计、实施和营销项目。

我们每个人都会从不同的方面完成设计工作。总体来说，这份工作主要有三种可能性：

1. 你被一个完整的团体所雇用，做一个客户定制化的团体教练项目。

2. 你被一个组织所雇用（作为内部教练或外部教练），为他们开展一个团体教练项目。

3. 你围绕某个主题设计一个项目（例如领导力、工作和生活平衡、组织方面的议题），之后要面向公众个体进行营销。

不管你属于哪一个类别，关键的第一步都是了解你的客户。在培训领域，这称之为需要评估。

本章的练习和工具将聚焦于团体教练的设计阶段。根据你在团体持续发展过程中所处的位置，你对本章的关注程度可能会有所变化。

本章主要的关注点是：

1. 了解你的客户：以客户的议题为中心是教练的基本原则。团体教练的核心原则是你必须清楚项目的真正客户是谁，这一点是设定项目基础的关键，包括内容、问题、交付方式、场地和时间安排。在这里我将提供团体教练客户评估模板供大家参考。

2. 设计工具：为了支持大家开发项目，本章的第二部分将介绍一些设计工具。这些工具包括：

· 确定主题的工具：思维导图和索引卡；

· 团体教练设计矩阵；

· 项目开发的模块化方法。

3. 其他的设计考虑：

· 创造一个强有力的愿景；

- 计划包含多少内容？考虑 80/20 规则；
- 手风琴设计方式；
- 想要创建的精髓是什么；
- 客户需要什么，客户偏好什么；
- 需要花费的时间；
- 项目开发的 3R 原则：减少、再利用和循环；
- 代际差异。

第一部分：了解你的客户

正如第 3 章所述，培训活动与团体教练之间最为核心的两点不同是：一是团体教练和参与者共同决定议题的数量；二是团体教练在项目进行的过程中由客户真正驱动议程和决定议题内容。我们还会探讨团体教练是如何较少地关注内容，而更多地关注讨论和发现过程的。

身为教练，我们知道以客户的议程为中心是教练过程中不可或缺的一部分。议程中要包括客户明确设定的主题、话题和优先级。即使你是一名经验丰富的、能够让客户高度参与的体验式培训师，也要注意到保持关注点在客户的议程和需要上是教练和培训之间的关键不同。

客户想要什么、需要什么、偏好什么

在第 4 章我们讨论过一个最佳实践，即在项目开始之前与参与者进行连接，更多地了解他们和他们的需要。在培训领域我们将这个过程称为需要评估，通常建议安排整个项目时间的 10% ~ 15% 或者更多的时间来开展需要评估。你可以通过与团体成员的一对一讨论来完成这一过程，也可以使用网页调查问卷例如调查猴子，或者其他正式或非正式的方式进行调查。

在电话会议前的讨论中，你可以向客户询问几个简单的问题，例如：

1. 是什么吸引你来参加这个项目的？

2. 你想通过这个项目收获什么？

3. 关于某主题，你最重要的需要是什么？

4. 我应该知道些什么才能够帮助你获得最好的学习效果？

你对客户了解得越多，你的项目设计、实施和营销就越有效。

了解客户的重要性

对于任何团体教练过程来说，客户是关注点也是起点。

尽可能多地去了解客户，能够在以下方面带来指数级增长：

· 创造并交付一个富有意义的项目；

· 注重对客户来说最为重要的且优先级最高的主题和话题；

· 对你的服务开展最适合的营销（使用最好的方法、配置和措辞）；

· 在最方便的时间交付项目；

· 使用最便捷的方式交付项目；

· 基于客户的需要提供有价值的资源。

几年前，我开发了团体教练客户评估模板。这个快捷模板可以帮助教练清楚地确定他们的客户是谁以及客户想要的是什么。它促使教练开始更加深入和更加全面地思考：客户是一个什么样的人？客户的需要和偏好是什么？

针对团体教练的客户，你可以思考下面的几个问题：

· 客户的关键目标是什么？

· 他们正在面临的关键挑战是什么？

· 他们什么时间有空闲？在工作日、周末还是一年当中的任何时候？

· 关于教练会谈，他们喜欢线下面对面会谈，还是喜欢通过电话或者是网络会谈？

· 他们的消费模式是什么？什么时候有钱？什么时候没钱？（这对于确定他们参与项目的时间可能很重要。）

· 他们可以自由支配的收入是多少？（这个将影响教练项目的定价。）

· 他们阅读什么文章？看什么书？听什么广播？

· 他们听什么电台？浏览什么报纸和网站？

对这些问题的回答将会影响每一件事情，从项目定价到交付日期和时间，项目主题和内容，以及项目周期和交付形式。

下面这些问题和团体教练客户评估模板都是帮助你了解你的客户的。这些信息有助于市场营销、项目和产品开发以及与客户的沟通交流。

请你花些时间思考以下问题。当然，你也可以在空白处进行记录。

· 谁将会被你的产品和服务所吸引？

· 你想让你的产品和服务吸引到谁？

· 他们的需求是什么？

· 与他们相关的议题和挑战是什么？

· 这个客户群看起来是什么样子的？

　　—年龄；

　　—社会地位；

　　—教育水平；

　　—地理位置；

　　—职业／专业背景；

　　—所属的协会；

　　—消费风格。

· 他们何时会获得用于购买你的产品的收入？

· 他们何时最方便参与项目？他们可以参加的时长是多少？（具体到一周中的天数、一天中的小时数。）

· 你如何才能够接触到这样的团体？你将使用什么渠道宣传项目？

　　– 印刷品；

　　– 口口相传；

　　– 互联网；

　　– 社交媒体；

　　– 公众个人；

　　– 专业协会。

· 还有谁服务于这个团体？谁是你的竞争对手？你可以同谁合作？

如果教练会通过不同的独立项目与几个不同的客户群共同工作，那就请完成了解客户的额外任务——团体教练客户评估表。

不是表中所有的问题都与每一位读者相关，例如内部教练或者人力资源专业人士可能就不必考虑项目的外部市场营销问题，但是他们需要站在内部市场营销的视角来思考这个问题。请根据你的角色、工作和职能考虑这些问题。

表 5.1　客户画像——团体教练客户评估

客户的整体描述：

客户需求	
客户的主要目标	
客户的主要议题（客户感兴趣的议题）	
客户的主要挑战	
年龄范围	
性别	
社会经济地位	
地理位置	
职业／专业地位	
消费模式	

续表

他们所属的协会 / 组织	
可出席的时间（一周中几天，一天中几个小时）	
喜欢的交付形式：提供多少个选项（线上、线下；多少时长）	
市场营销方式：考虑他们的喜好是什么	
他们读的报纸	
他们浏览的网页	
他们浏览的博客	
他们读的刊物	
他们收听的电台	
他们喜欢的专家 / 作者	
他们偏爱的场所	
其他	

当你完成了客户评估之后，请再思考以下内容并予以记录：

1. 客户最重要的需要是什么？痛点是什么？

2. 他们面对的挑战是什么？

3. 他们偏爱什么样的交付形式？

　·电话还是线下；

　·交付日期和时间；

　·季节，一年中的时间点。

4. 价格是多少？

5. 这个方案的合作伙伴是谁？

6. 其他。

在了解团体教练客户方面，你下一步准备做什么呢？

第二部分：设计

无论你能做什么或者你的梦想是什么，请先开始吧。因为勇敢中蕴含着天赋、力量和魔力。

——歌德（Goethe）

我们已经了解到，团体教练可以采取多种交付形式，比如使用电话或网络等线上交付，以及面对面的线下交付。团体教练可以面向组织中的团体，也可以面向公众个人组成的团体。影响团体教练项目形成的因素包括：客户们的需要和偏好，项目所涵盖的主题和议题，以及教练自己的风格和偏好。

这一节着重讨论在设计团体教练时如何使用一些工具来进行项目开发，具体包括：思维导图、索引卡、模板。

在本章中所展示的这些工具，你可以在设计和开发团体教练项目时进行选择、使用和调整。

设计工具 1：思维导图

思维导图是强有力的右脑型头脑风暴工具。我常常使用托尼·布赞（Tony Buzan）的思维导图。这是一种令人兴奋的非线性思维的头脑风暴方法，可以用于开发任何类型的团体项目。

下面就介绍如何运用思维导图：

先拿出一张空白的纸，在中间画一个圆圈，然后在圆圈的正中间写下你项目中的一个主题。对于每一个在你头脑中出现的关于这个主题的想法，请都画一根线从这个圆圈延伸出去，就像阳光一样，并且写上这个想法的名称。持续重复这个过程，写出所有的想法——请不要自我评判！

关于主题、练习活动、市场营销、场地和成本，你也可能有新的线延伸出来。如图 5.1 所示就是一个思维导图的参考范例。

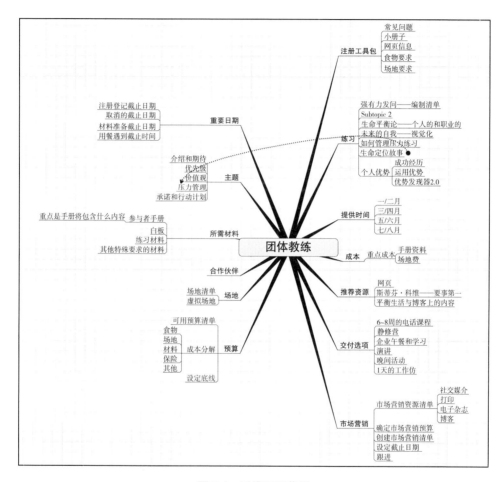

图 5.1 思维导图范例

然后进一步细化每一条线，精心打磨具体的想法或分主题。例如一个分主题是市场营销，那么需要细化的内容可能包括电子杂志、专业协会、演讲、博客、播客等。

如何扩展这个工具

我的另外一个建议是，每隔几天或几周你就拿出这张思维导图，看一看你可以再加入什么新的想法和理念。你也可以创建一个新版本的思维导图然后存档，这样你就能够看到自己的进步。

小练习

针对你的一个项目或者一个主题，请你花 5 ～ 10 分钟按照本章阐述的过程做一个思维导图。

5 分钟之后，看一看你已经创造出了什么，然后问问自己下述问题：

· 出现了什么？

· 呈现的主题是什么？

· 明确了什么练习？

· 我对什么内容理解得更加清晰了？

· 我的下一步行动是什么？

然后再回到你的思维导图，在接下来的几分钟之内添加下述内容：

· 我要重点关注的话题是什么？

· 我想使用什么练习？

· 我想用什么形式交付这个项目，是线下还是线上？

· 这个项目看起来是什么样子的？（包括课程的时长、时间安排、课
  程结构。）

· 我想要有多少名客户参与这个项目？

· 我在什么时候启动这个项目？

· 我需要在什么时候开始营销活动？

· 谁是我的客户？请就下述内容添加你的想法：

　　—他们住在哪里？

　　—他们是谁？

　　—在哪里能够找到他们（例如他们属于哪一个行业，或者属于哪一

> 个专业协会？）
>
> ——他们的年龄结构如何？
>
> ——他们的需要是什么？
>
> ——他们如何能够使学习效果最好？
>
> 请你在这个框架上进一步继续拓展，过了一段时间之后，你可能想为每一个分主题创造一个独立的思维导图。

喜欢使用电脑的教练可以在 www.MindJet.com 网站上获得一些非常精彩的思维导图工具以及其他的开源应用。

思维导图是项目设计过程中非常出色的工具，在商业开发甚至一对一教练过程中也是如此。

问题思考

在工作中你能够如何运用思维导图？

设计工具 2：索引卡

空白的索引卡也可以作为头脑风暴和项目开发的工具使用。

请拿出一套空白的索引卡，最好是 50 张或者更多，然后针对你希望开发的项目，用一张空白的索引卡精心打磨一个特别的想法。请你安排 15 ~ 20 分钟进行头脑风暴，同时在每张索引卡上写下一个想法。

这里有一些可以让你开始头脑风暴的问题：

· 在我的头脑中有什么主题？

· 我的项目叫什么名字？

·我能用什么交付方式？（线下、电话还是静修营？）

·我想涵盖的主要议题有哪些？

·我已经有了什么练习活动？

·我需要找到或者创建什么样的练习？

·谁是我的目标听众？

·目标听众感兴趣的主要议题是什么？

·对于这个项目我的定价是多少？

·我在什么时间启动这个项目？

·可以举办这个项目的场地有哪些？

·我将如何营销这个项目？

在头脑风暴之后，你可以将写好的一大摞卡片摊在一张桌子上或者地板上。当你看着所有的卡片时，头脑中出现了什么主题呢？你能建立什么连接呢？如何将这些卡片打散组成不同的部分呢？你可以用多种方法挑选这些卡片。你可以用这个方法作为项目开发的一个起点，根据不同的主题和练习挑选出你想要的卡片。

你既可以选择用简单的索引卡开发项目，还可以把这些信息录入团体教练设计矩阵。你将会在本章的后面看到这个矩阵的相关信息。

项目开发的模块化方法

当你完成头脑风暴或者完成索引卡之后，你很可能会拥有非常多的想法。你的脑海中出现的不会是一个项目或产品，而是会出现很多个。请你保留所有这些想法，然后问问自己：我想开发出什么类型的项目？

如第 1 章所述，团体教练项目可以采取多种交付形式，例如 1 小时的工作坊、为期 6 周的项目、为期 90 天或更长时间的项目。尽管选择什么交付形式的权力在你的手里，但是你的选择经常会受到客户偏好的影响。

有一个设计开发内容和材料的方法叫作模块化方法。运用模块化方法进行项目开发，你能够把不同的主题做成一个个小模块，然后根据你希望启动的项目类型和客户们所要求的内容，将这些小模块进行混合和搭配。

比如，我很喜欢使用建筑模块的概念来描述和说明模块化方法。请想象一下，如果我从比较小的模块或组成部分开始（例如每个模块 30 ~ 90 分钟），那么每个小模块就像不同的建筑模块。我可能有一个关于价值观的模块，一个单独的关于优势的模块，或者一个关于优先级的模块，可能还有一个关于风格的模块，例如领导风格、沟通风格、冲突风格等。根据客户的需求，我能够快速组合不同的模块（建筑模块）从而创造一个完全不同的项目（建筑物）。

我总是在头脑中提醒自己，我要从客户的议题开始。模块化方法使我能够对团体的需要做特别调整。你很可能会发现，即使连续开展相同或者相似的项目，但是你每一次看到和感受到的都完全不同，这是因为每个小组以及每个小组里面的每位成员都会有不同的议题、风格和偏好。

问题思考

你想将什么样的模块融入自己的初始设计当中？

开发团体教练项目的模板

一些教练可能会发现，如果使用思维导图或索引卡的产出结果启动他们的团体教练项目或者工作坊，他们会感觉很舒服。如果你处于团体持续发展过程中纯粹团体教练的那一端，你会更多地使用教练技术，并且很可能不需要一个详细的提纲。如果你想提供一些内容并进一步向团体持续发展过程的右端发展（例如朝着培训发展），那么你可能需要创造更加详细的路线图，并呈现出这个工作坊的样子。

这个模板是一个非常有效的工具，它能够用于快速地设计和开发资料，既可以独立使用也可以连续使用。你还会发现其他一些可以使用的模板，例如附录中的团体教练练习模板等。我用于设计工作的模板主要是团体教练设计矩阵。

围绕项目完成头脑风暴之后，我的下一步就是挑选出所有高品质的想法并把它们放进矩阵。

总体来说，我用于团体教练和其他团体项目的矩阵包括下列几个方面：

1. 主题名称；

2. 主题／学习要点／内容重点；

3. 活动／教练问题；

4. 持续时间；

5. 所需材料。

你可以根据你的最佳工作方式调整上述内容的顺序。本书会提供一份空白的模板供大家使用。

请你运用通过索引卡或思维导图获得的信息，使用模板设计一期活动，或者设计一个已经确定的主题。

你的模板或者矩阵非常可能会有几个不同的版本，所以请你不要有所顾虑。你需要多少个版本就去做多少个版本。

为了向大家展示如何完成团体教练设计矩阵，在此我介绍自己与一位客户（这个客户是教练）之间的教练会谈。会谈的核心内容就是如何运用团体教练矩阵。同时，我也鼓励大家按照自己对项目的理解来完成团体教练设计矩阵。

客户：珍妮，在头脑风暴之后我真的卡住了，不知道去往哪个方向。我已经拥有了这么多很棒的想法，但是我卡住了，不知道接下来要做些什么？

珍妮：好的，那就让我们打破它吧。首先，你想进一步明确的主题是什么？

客户：我知道的是，我想在这个项目中涵盖很多不同的主题，例如价值观、愿景等。

珍妮：好的，你想先从哪一个开始呢？

客户：让我们从价值观开始吧。

珍妮：好的，请你拿出一张空白的团体教练设计矩阵，请记住这是第一稿，我们要通过头脑风暴来完成它。请你把所有的想法都列出来，而且此时不要有评判。首先，在主题名称这里，你想使用什么名字？

客户：让我们叫它"我的价值观"吧。

珍妮：好的，请在"主题名称"这里写下来。那对于这一期活动你计划安排多少时间？

客户：75 分钟。

珍妮：请你在"主题时长"这里写下来。这是线下活动，对吗？

客户：是的。

珍妮：你最想让参与者带走的收获是什么？或者说，客户已经明确表示他们认为非常重要的是什么？

客户：对于客户来说，我认为最重要的是发现他们的价值观是什么，以便支持客户做出更加有效的决定。因为在做决定时，价值观就像一个指南针，不管它是否真的与我们的内心保持一致。

珍妮：请你在"客户的整体目的／目标"下面写下这些内容。你还想让客户从这期活动中带走什么其他收获？

客户：我想让教的部分再少一些，团体教练的部分多一些。我更愿意让他们自己去发现。

珍妮：完美！让我们略微转变一下方向。你在头脑风暴时对练习活动产生了什么想法？让我们从矩阵上的这一栏开始。

客户：好的，为了与客户共同探索价值观主题，我准备了 3 种方法：

1. 与一位客户进行价值观探索练习。

2. 开始的时候，在房间里找一位客户做教练演示，同时让其他人观摩。

3. 可以在活动开始前或进行过程中发给客户一张价值观清单，然后让大家填写。

珍妮：让我们在模板中的练习部分精心打磨这 3 个不同的想法。请你先把这些想法写下来，每个写一行。（客户把它们写了下来。）现在你认为每一个练习将需要多少时间？

客户：教练演示可能需要 10 分钟，之后大家回到自己的小组讨论，或者可能问彼此一些教练式问题，所以总共需要 30 分钟。关于价值观探索，我想让大家在小组里面完成，前提是完成价值观检查清单，所以让我们把完成价值观检查清单放在价值观探索之前吧。

珍妮：我听到你想将价值观探索调整到后面，那么你认为完成价值观检查清单将会需要多少时间呢？

客户：让我们分配 12 ～ 15 分钟吧，每个人独立完成。

珍妮：好的，请你在时间栏写下来。那么价值观探索的练习将会需要多少时间？

客户：我正在思考，这里可能会出现一个非常好的讨论环节，所以安排 20 分钟，包括分享和总结。

珍妮：非常棒！请你按照模板写下来，然后我们继续。针对每一种不同的方法你需要什么材料？你已经准备好一份材料清单了吗？

客户：在教练演示环节，我想把一些核心的问题写在白板上，并且我还想记录一些内容。在完成价值观清单环节，我需要在他们的笔记本上放一份价值观清单。很幸运的是我已经有了一份，可以为这个团体改编一下。在价值观探索环节，我想让客户将价值观探索的成果写在他们的手册或笔记本上。

珍妮：完美！我想你已经开始熟悉这个模板的使用方法了。我有个请求，就是如果在下一次电话会谈之前你不能完成很多稿的话，你至少要完成一稿这样的设计矩阵。你愿意吗？

客户：是的，我愿意。实际上，到下一次我们通话的时候，我想预先策划出这个系列的前 31 个模块，因为这个项目在几周之内就要启动了，这将会激励我并且促使我开始行动。

珍妮：非常棒的工作！那我们在下次通话的时候进行检核。

致读者：现在你有个任务，就是使用下文的团体教练设计矩阵模板，针对你的一个模块至少做一个草稿。

设计工作的一些通用原则

· 在头脑风暴时允许自己自由地思考——不要有自我评判。

· 使用最有效的方式——手写或电脑录入。

· 请你保留草稿——你可能想把思维导图和设计矩阵都放入文件夹存档，请在你存档的文件上记录日期和版本号，因为我们永远也不知道，在什么时候之前的设计理念将会产生新的项目或者适用于其他的客户。

· 请在你的草稿上标注版本号和日期，如版本 1.0、1.1、1.2，这样你能够看见自己的进步。

设计阶段的其他考虑

在设计阶段，还有几个其他考虑需要你时刻铭记在头脑之中，具体包括：

· 为你的团体教练事业创造一个强大的愿景。

· 项目需要包含多少内容？考虑 80/20 原则。

· 使用手风琴式设计。

· 你想创建的项目的精髓是什么？

· 客户的需要和偏好是什么？

· 这个将会需要多少时间？

· 使用 3R 原则检查项目开发成果。

表 5.2　团体教练设计矩阵

主题名称:
主题时长:
主题的整体目的或目标 / 你想让客户在这期活动中收获什么:

时长	内容 / 学习要点	活动 / 教练问题	所需材料

为你的团体教练事业创造一个强大的愿景

在团体教练事业方面拥有一个清晰的愿景,将会使你的设计工作变得更加清楚和有趣。一个强大的愿景可以帮助我们看见美好的未来,并且在我们遇到困难时成为一个动力源泉。

请花些时间来思考这几个问题:对于团体教练,你的意图是什么?你想创造什么?你或者你的客户想要死死咬住不放的主题是什么?

下面的几个问题可以帮助你聚焦在团体教练的愿景上:

· 谁是你的听众?
· 你想开发什么类型的团体教练——是线下的还是线上的?
· 你将在何时启动项目?
· 你将在何时提供这个项目?
· 今年你想通过团体教练为多少人服务?
· 你想通过团体教练创造多少收入?

·你能与谁搭档？

·你可以随时获得的资源有哪些？

·你还需要些什么额外的资源？

·你将如何发布项目？

·你将使用什么工具进行市场营销？

·假设现在就是两年之后，让你对已经完成的团体教练项目进行总结，你
　会说：

－我已经和＿＿＿名客户共同工作过；

－我已经交付了＿＿＿个项目。

项目需要包含些什么内容（80/20 原则）

一些教练经常会问我："怎样才知道团体教练项目中需要包含多少内容？"
正如我们在第 1 章中所讨论的，这取决于你在团体持续发展过程中所处的位置，
从传统的线上课堂模式——教练绝大部时间是讲授和传递信息，到有机的"共
舞"即纯粹的教练模式——客户在会谈或项目开始时会带来他的议题，并设定
你们的工作方向。

不管在这个持续发展过程中处于哪个位置，教练都有一个先天的习惯（培
训师和演讲者也是如此），就是想将"所有的事情"都包含在他们的项目当中。
这一点会导致参与者超负荷运转，同时留给参与者的空间也很少，致使他们不
能够：

·发现新的信息或洞察；

·整合他们正在学习的内容；

·与同伴进行讨论；

·创建行动计划或者确定下一次会谈前的必要投入。

这四项内容总是会出现在团体教练当中。

在设计团体项目时我经常强调 80/20 原则，这项原则就是针对即将开始的

项目或活动，整体评估你想要包含的所有信息；当你看完你想要涵盖的每一项内容时，请拿出其中的 20% 并放在一边，你可以将这些内容放在另外一个文件夹中，作为其他新项目或新话题的种子，这样剩下的 80% 就是项目需要涵盖的内容了。

请留意，当你将 20% 的内容拿走之后会发生什么呢？是否留下了更多的空间让人们可以自由探索？是否减轻了参与者的负担呢？是否有了更多的空间用于讨论和分享呢？

我对大家的请求是，对于即将到来的项目，请你拿出 20% 的内容用于其他的项目，仅保留剩余的 80%。如果你这样做，那会发生什么呢？

手风琴式设计

让我对团体教练始终保持新鲜感并且我认为最为神奇的一件事，是每次实施的项目看起来都不一样——因为每一个团体和团体里面的人都是不同的。

请你在活动开始之前创建一个路线图向客户展示项目将会去到哪里，同时在头脑中铭记一个手风琴的隐喻。这样做通常是非常有效的，因为你可以知道：

- 如果项目进展太快，同时你还剩下很多的时间，那么哪部分内容或者练习可以扩展；
- 如果在另一个部分已经讨论了很久，那么哪部分内容能够被压缩或者只字不提。

请你记录这些内容，特别是当你与他人共同工作时。

随着你作为团体教练的经验越来越丰富，事前准备对你而言可能只是一个简单的设计矩阵，上面记录了一些可以使用手风琴式设计进行扩展和压缩的内容。

项目的精髓是什么

你可能会遇到这样一种情形，即不得不为不同的客户设计相似的项目。不论是夫妻间的静修营还是领导力发展项目，或者是小型的工作坊，我经常会为设计这些相似的项目而忙个不停。我喜欢思考的一个关键问题是：

在这个项目中我想要创造的精髓是什么？它与其他项目有什么不同？

这里有一个关于项目精髓为什么如此重要的案例，就是我和莎伦·米勒教练共同实施的夫妻静修营，名为"火上的关系"。

为了弄清楚"我们想要创造的是什么"这一点，我们自问了下面这些问题：

- 我们想创造的能量是什么？
- 我们想创造什么样的氛围？
- 一想到这个项目，从我们头脑中跳出来的是什么颜色？
- 什么隐喻能够代表这个项目？
- 我们想要创造什么样的感受？

其实我们已经草拟了这个项目的目标，但是通过弄清楚我们真正想要创造项目的的精髓是什么，我们获得了一个新的战略关注点，并且非常容易地开发出了静修营的市场营销广告词。

时间，时间……这个项目将需要多少时间？

我经常被问到的另一个问题是：设计这个项目将会花费多少时间？我通常是按照辅导设计的标准统计数据回答，即每 1 小时的课堂辅导最多可能需要准备 40 个小时。

这个取决于你把自己放在团体持续发展过程中的什么位置，为 1 小时的面对面会谈（或者电话会谈）做好准备你可能不需要 40 个小时。同时，在考虑你的时间安排时别忘了下列内容：

- 活动前与客户进行的讨论，旨在了解他们是谁以及他们的需要和偏好是什么。
- 项目营销活动，包括策略开发、材料设计、网页／博客／小册子制作以及推广等。

- 系统开发，包括开发支付系统、注册登记系统以及支线服务系统（参考第 9 章）。
- 开发项目愿景和项目设计。这可能会花费大量的时间，具体取决于你如何工作。

根据项目开始前的时间投入情况，你还愿意考虑其他哪些内容？

请你不要落入需要 100% 准备好的陷阱（或是分析 / 停顿的陷阱）。如果你是一名已经具备了教练核心技能的教练，你可以马上开始团体教练。身为教练，我们最好的工作表现发生在全然同在之时，这时我们能够听到客户的需要是什么，我们可以走向前并做出回应。实际上，这意味着教练要带一些工具和练习开始教练会谈，在当下那一刻进行选择，而不是把所有的东西都事先摆好。随着教练会谈越来越多，你可以获得越来越多的经验，相应的准备时间也会越来越短。

项目开发中的 3R 原则

我们很多人对环境保护中的 3R 原则都非常熟悉，即减少、再利用和循环。你将 3R 原则应用到下一个项目的开发当中也是一个很棒的选择，比如应用到工作坊、静修营或团体教练项目当中。

1. 减少：遵守少即多的原则。请你不要试图解决所有的问题，就像连厨房水槽也要搞定一样。请你在下一次的团体教练项目中运用 80/20 原则，将至少 20% 的内容放在一边，这部分内容可以作为新项目的基础，也可以作为本次项目的跟进内容。当参与者没有被扑面而来的信息所压倒时，他们将会感激你并且真正有机会沉浸在你所提供的材料当中进行学习与整合。

    你能够对项目中的哪些内容进行删减或者按照 80/20 原则处理呢？

2. 再利用：你最近一次提供的是什么项目？为了便于将这个项目提供给更广泛的客户，你会如何再次包装这些内容？多年以来，我开发了一些不同主题的团体教练项目，例如针对企业主的"你的生活平衡"项目和商业成功之旅团体教练项目。我通过一些不同的形式来提供这些项目，包括 90 天的电话团体教练项目、周末静修营、线上静修营（在 1 ～ 2 天之内通过电话完成 6 个小时的团体教练）、演讲以及企业工作坊。这些项目的主要结构和内容都是相同的，我只是将不同的交付选项汇总在一起，然后做一些改变以满足不同团体的需要。

　　为了满足不同客户的需要，你能够再次利用什么项目？你如何能够用不同的方式交付目前的项目呢？

3. 循环：大家刚刚已经了解了项目开发的模块化方法，知道了这些彼此分开的迷你模块是独立开发出来的，然后根据客户的需求，通过不同模块的组合创造出一个完整的新项目。如果你将项目开发中的迷你模块想象成乐高积木里面的不同零件，那么你就可以有 1 小时的创造愿景模块、1 小时的领导力提升模块、1 小时的反馈练习模块以及 1 小时的价值观模块。根据客户的需要，你可以选择不同的乐高零件或者组块来创造一个完全不同的结构，然后做出一些小小的改良，进一步完善客户定制化产品，这样就获得了一个新的项目！

　　现在你手上已经拥有了哪些模块？使用目前已经拥有的模块，你可以构建出什么产品？

代际偏好

　　关于不同年代的人在学习方面的偏好，人们已经发表了很多文章。在了解你的客户时，你需要考虑他们的代际从属关系，例如是婴儿潮一代、X 一代还是千禧一代等，因为这些将影响设计上的一些考虑，例如如何交付（是线上交付还是线下交付）、如何生成材料（使用 PDF、USB 还是纸质的手册等）以及如何引导练习等。

　　多年以来，不同年代的人已经被社会化，并形成了不同的学习方式，具体如下：

越战一代（1945年前）：越战一代是在粉笔和对话的世界里面长大的，他们偏好死记硬背和大范围的教室授课。

婴儿潮一代（1946—1964）：因为婴儿潮一代在他们的职业生涯中更多的是沉浸在书本当中，所以他们特别偏好以讲座为基础的学习环境，并且最有可能喜欢有一定结构的峰会和讲座。婴儿潮一代更注重学习经验。

与婴儿潮一代共同工作时需要特别注意：

· 如何利用他们广泛的专长；
· 如何支持他们跨越他们感知到的任何技术挑战，例如网络研讨会、电话会议或者电子学习平台等。

X一代（1965—1980）：X一代是通过动手学习长大的，并且是通过游戏和小组体验来学习的。他们的教室里面已经有了大型计算机，他们可能更加熟知CD和远程教育，今天的经理人大多属X一代。X一代非常熟悉如何兼顾不同方面的需求。很多X一代可能对技术有很好的理解能力，他们会采用博客、播客和其他的社交媒体进行学习。不是所有的X一代都像我们所接触到的那样喜欢冷嘲热讽，从公平的角度来说，他们是想通过好的价值观和方法使生活、工作和家庭能够融合在一起。X一代很欣赏切合实际的东西。

千禧一代（1980—1999）：这一代人也叫数字土著，因为科技永远是他们生活的一部分。从很小的时候开始，这代人就是在有计算机的教室里面成长。千禧一代非常看重合作，他们是将科技与合作进行结合的先行者。千禧一代会非常舒服地沉浸在媒体学习中，例如播客。他们会根据需要进行学习。维基百科、博客和社交媒体是他们日常工作和交流中非常自然的一部分，所以针对他们设计团体教练时我们需要考虑这些。教练需要认真聆听团体成员真正想要的是什么，以及他们受到了谁的影响，因为这代人比其他人更加有悟性，也更加容易连接。

与享有"冷嘲热讽者"之名的X一代相比，人们认为千禧一代在他们的职业生涯发展方面非常没有耐心。当千禧一代站在聚光灯下以及他们的需要被明确关注时，他们就会从中受益。

　　当千禧一代和 X 一代作为客户与教练共同工作时，他们将会给教练带来创新的空间，甚至带来突破。

问题思考

　　关于自己客户的代际偏好，你知道些什么？

　　这些对你的团体教练设计和交付会有什么影响？

本章回顾

在进入下一章之前：

· 请你至少花 15 分钟的时间进行头脑风暴，看一看你对你的团体教练项目有什么新想法。你可以选择使用的工具有思维导图、索引卡和想法清单。

· 请你完成自己的设计矩阵草稿。

· 请你描述自己的团体教练愿景画面。

第 6 章

强大的交付方式：线下或者线上

团体教练项目可以线下交付或线上交付（通过电话或网络），本章将会着重讲述线下项目和线上电话项目之间有哪些重要的不同，以及当教练决定要为客户创造些什么和交付项目时需要考虑的重点内容。

本章的重点内容将会对你在线上开展教练，特别是通过电话开展教练给予特别的支持。关于线下教练的话题在后面几章，即第 7 章、第 9 章和第 10 章中，会有更加深入的探讨。本章还介绍了一个简短的用于检核线上项目准备程度的自我评价。

通过学习本章内容，对于是想交付一个线下项目还是一个线上项目，或者是通过电话还是网络，你会有一个更好的想法。总体来说，影响交付方式的一些因素包括：

- 客户的地理位置；
- 客户的偏好；
- 你的个人偏好；
- 你自己的地理位置；
- 你的利基领域和关注的领域；
- 你和客户可以使用的科技手段。

当决定是否采用线上交付时，你需要考虑的问题包括：

- 我的客户在哪里？
- 他们的偏好是什么？
- 在使用科技手段方面他们的舒适等级是什么？
- 在使用科技手段方面我的舒适等级是什么？
- 让他们最舒服的科技手段是哪些？
- 在为客户提供服务方面，我存在的障碍是什么？（如网络带宽、速度等。）
- 我还需要调整什么材料？
- 需要怎么调整？

线下项目和线上项目的优势与劣势

线上和线下这两种交付方式都有它们独特的优势和劣势，表 6.1 罗列了其中的一部分。

表 6.1　线下项目和线上项目的优势与劣势

交付方式	优势	劣势
线下	使用基本的小组引导技术 能够看见参与者并且从团体成员的视觉线索中受益 很多客户都偏好线下，ICF 的全球教练调查显示，60% 的客户反馈他们偏好面对面的教练	参与者来自世界各地，所以他们的参与成本（经济成本与时间成本）高 引导者的间接成本高，如要支付场地租赁费 前往会场的时间成本高（对于参与者和教练而言） 因为地理位置的限制，参与项目的客户的多样性也不太强
线上 （通过电话或网络）	没有间接成本或者间接成本很低 因为参与者所处地理位置的多样性，所以会有更加宽泛的个体多样性 人们能够在他们的家里、办公室、乡村或者其他的地方加入 对于参与者来说有较低的旅行成本 能够和不同背景的团体成员共同工作 很多教练在电话教练方面已经具备了很强的技能 更加绿色环保，因为参与者和教练都不需要旅行，材料也可以只生成电子版的，减少了产生的碳排放	缺少视觉线索可能会需要不同的引导方法 需要更多的组织安排将团体打散，然后组成更小的组 可能需要更加成熟的引导技术

从总体上来看，ICF 全球教练客户调查发现：线上（47%）和线下（50%）教练工作之间的比例几乎不分伯仲，尽管地区和地区之间有所不同。当问客户他们更喜欢哪一种方式时，60% 的客户倾向于选择线下教练，将近 35% 的客户倾向于选择电话教练。

同步还是异步

以发生时机为判断特征，学习可分为同步学习（在相同的时间发生）和异步学习（在不同的时间发生）。

同步（实时学习）

你可以让人们在同一时间、同一地点学习，例如我们熟悉的传统的线下面对面学习。

你可以让学习发生在相同的时间、不同的地点，包括电话会议、网络会议和视频会议。许多的团体教练项目都使用这些方法，及时的连接和实时的互动为客户带来了非常大的价值。

通常提到的同步在线学习，"即遍布在不同地方的参与者在网上实时互动，通过文字、PPT 和白板进行视觉沟通，以及通过音频如 Voice Over IP 和电话会议进行听觉沟通"。

异步学习（按照自己的进度）

异步在线学习与实时学习相对应，是按照自己的进度学习，即参与者可以根据自己的条件选择性参加培训。

任何学习项目都可能有这样的例子，即人们在不同的时间在同一个地点学习。

案例：

组织经常会使用异步学习方法向他们的员工推出在线学习，即所有的员工都能在不同的时间参加同一个话题的在线学习，例如安保或领导力，学习材料可以存放在内网上或者其他的网络文件夹中。

你还可以让人们在不同的时间从不同的地方登录学习，包括邮件沟通和文件分享。许多线上学习平台就是运用这种单向交流的方式连接全世界的学习者，让他们能够在各自的所在地按照自己的时间安排和节奏进行学习。

这种在不同时间采用不同方式的学习方法常常被用到培训当中，它也可以作为一个支持模块在团体教练项目中使用。几个接受采访的教练表示，他们都在他们的项目中安排了异步学习模块，例如我交付的"90 天商业成功——电子商业"项目，还有玛丽·艾伦和艾娃·葛瑞戈利用来分享和交流信息的雅虎团体。

本章主要聚焦于同步（同一时间）且分散（不同地点）的学习方式，例如基于电话的团体教练项目，这些项目也使用电话峰会或者网络峰会的方式。

线上项目

在市场上，有一些可以参与的线上项目，比如：

· 1 个月的项目；

· 90 天的项目；

· 6 个月的项目；

· 1 年的项目；

· 包含一对一和团体教练的混合项目；

· 线上静修营；

· 担当日。

许多教练将百分之百的时间都投入到线上团体教练项目中，有些教练选择继续将线下教练和线上教练结合起来使用。在几年之前我儿子出生的时候，我就决定要尽可能多地在家里陪伴他，这促使我转向了线上一对一教练和团体教练。到现在，我已有 80% 的工作是在线上与客户完成的。

随着当今科学技术的快速进步，可以使用的新方法和新技术的大门一直都向我们敞开着。

下面是 3 名教练通过线上交付团体教练项目的案例。

聚光灯下：
CPCC 海蒂·米歇尔，线上愿景板
（www.heidimichaels.com）

我提供各种各样的工作坊、峰会和网上研讨会。我将工作坊作为一种比较经济的让人们体验教练的方式，这也是进行自我曝光和吸引人们加入我的客户群的一种方法。峰会是在工作坊下面的一个层级，通常我会安排4～5周的活动，并且价格会稍微高一点点。我最新的冒险尝试是"线上愿景板"工作坊。

我每个月组织一次的线上愿景板活动，由我与我的网页设计师米斯蒂（Misty）共同主持。我提供教练，她提供技术上的支持。参与者可以了解他们目前所处的位置以及未来愿意去往哪里，并通过描绘愿景板的方式来创造愿景。愿景板是他们在自己的电脑上通过修改我们放在粘贴板上的照片来完成的。

这个项目第一次作为愿景板工作坊是面向我办公室的一个小团体的，然后我开始将其作为"女孩儿外出夜"活动进行交付，女孩们通过参加这个活动代替外出。现在它已经发展成为线上愿景板项目，参与者能在他们自己的电脑上参与，就像是一个线上的剪贴簿。参与者来自全美各地，包括加利福尼亚和纽约。

聚光灯下：
CPCC 艾娃·葛瑞戈利
（www.leadingedgecoaching.com）

艾娃·葛瑞戈利已经从事团体教练工作几乎快10年了，她的大部分工作都是在线上完成的。

葛瑞戈利表示线下团体教练项目的时间安排不方便协调，特别是在当前的经济形势之下。而线上项目有益的地方包括：

· 它能够允许我们和负担不起线下团体教练的客户进行合作，通过发起一个团体教练项目，让客户使用比较经济的方式和我们共同工作。

· 团体教练可以汇集整个团体的全部力量。关于团体发展过程，葛瑞戈利强调了以下几点：

　　—运用团体的集体智慧；

　　—团体的问题将会触发新的洞察；

　　—观察和见证教练过程能够触发新的洞察；

　　—可以创建社区从而支持到更多的人。

葛瑞戈利提供的项目包括：

· 用于教练认证的"超越的六大特征"：启动和引导团体教练项目；

· 更大的影响力，即吸引力法则认证项目；

· 商业构建者的六大特征；

· 成功的游戏；

· 通道冲浪：驾驭内部引领的浪潮。

你在团体教练方面的成功之处是什么？

我打破了年收入 10 万美金的限制，实现了稳定的 6 位数收入，这都是我通过发起和运作的一个名为"领先生活，成功一年"的团体教练项目实现的。目前这个项目已经运作了 6 年，项目中的许多客户已经创造了属于他们自己的伟大成果，很多人还要求每年开展项目两次，所以我的"领先生活一年，成功精进两次"的项目就此诞生。

事实上，我非常热爱团体教练项目，以至于停止了一对一的教练。当然，个别特别的客户会继续进行一对一教练。我现在主要聚焦于发起和运作团体教练项目。

对于教练来说，你认为必须拥有的要素是什么？

1. 创建一份客户清单，当前的社交媒体已经使这项工作容易了很多。

另一个好消息是，酝酿出这个清单不需要花费很长的时间。

2. 学习团体教练的技能，并且要非常清楚地知道你想打造一个什么样的团体教练项目。

为什么提供团体教练？

艾娃·葛瑞戈利和她的合作伙伴玛丽·艾伦曾经表示，她们提供团体教练项目服务的理由有 7 个：

1. 能够使你成为你所专注的领域的专家。

这一点已经成为一个假设，就是如果你正在引领某一个领域的团体，那么你必须要说些什么重要的东西。信誉度的提升是你最大的收益，你将会因此获得更多的演讲邀请，会在更多的媒体上露面，并且在你的利基领域显得更加突出。

2. 你将会帮助更多的客户，并且使教练技能和专家技能呈指数增长。

对于任何一名教练来说，与更多人共同工作是挑战完美自我的最佳方式，因此我们变得更加成熟，我们的技能变得强大和精通。这都是因为我们曾经与很多人非常真实地共同工作过。

3. 当参与者欣赏和认可你作为教练的才华时，你的自信心将会爆棚。

团体情境会鼓励产生很多的反馈，使你超越信念。从个人角度来说，我们非常喜欢这一点。今年艾娃·葛瑞戈利通过投票被评选为国际教练，就是得益于她在全世界影响到了很多人。

4. 你的一对一教练练习也会增加（如果你也想要的话）！

客户见证了你在团体交流中的表现之后，对你的信心会一飞冲天。我们的团体教练客户中大约有 25% 会雇佣我们做一对一教练。当你营销团体教练项目的时候，一些客户会决定只要一对一教练。

5. 你的收入会变得更加稳定而且更加丰厚。

运作团体教练项目能够提供更加安全的保障，特别是当你实施一个为期 6 个月和 1 年的项目时。客户可能会进进出出，但是整个团体承诺了一个确定好的时间节点，这一点就让你在心态和财务上具有了稳定性。

6. 运作团体教练项目的金牌教练。

你可能已经听说过这些著名的教练：杰克·坎菲尔德（Jack Canfield），其心灵鸡汤闻名于世；马克·艾伦（Marc Allen），是新世界图书馆的创始人以及埃克哈特·特雷（Eckhart Tolle）的《当下的力量》和《一个新的地球》的出版商；以《秘密》一书著称的鲍勃·普罗科特（Bob Proctor）和乔·维特利（Joe Vitale）。他们都提供团体教练项目。

7. 团体教练能够为客户提供成倍的价值，而简单的一对一教练做不到这一点。

除了你的支持，客户通过在团体中各种各样的互动，还会收获成倍的价值。我们已经见证了很多通过团体教练项目而产生的终生友谊。客户还能够通过观摩你与他人的教练过程而受益，这对于你和客户来说是双赢。如果你像我们一样设计项目，客户还将会激发和赋能其他参与者，这一点通过一对一教练是无法实现的。

就艾娃的个人收支平衡而言，通过发起和运作团队教练项目，她的收入从每年约 60000 ～ 70000 美金提升到了每年将近 250000 美金。

聚光灯下：
MCC、CPCC 玛丽·艾伦

我完全投入在团体教练中已经有三四年了，染指团体教练也已经有 6 年了。我模仿艾娃·葛瑞戈利这样做的。她作为我精通心智的伙伴已经有 10 年了。当知道艾娃启动了一个为期一年，每月客户仅需支付 99 美金的项目时，我就认为这太棒了。当时我有 30000 美金的债务，并且正打算结婚。在完成《内在选择的力量》这本书之后，我意识到书的销售收入不能完全偿还我的债务。并且我的税务师与我分享了他是如何苦等了 5 年方还清债务和妻子结婚的故事，使我当时感觉就像被架在火上烤一样煎熬。

我是如何做到的呢？

我在12月写了营销文案，第二年1月份进行邀约，2月份启动了第一个团体教练项目。第二个团体教练项目是5月份开始的，第三个是8月份，第四个是9月份。在9个月里，通过增加的团体教练项目，我从负债30000美金发展到拥有20000美金存款。

玛丽·艾伦提供的团体教练项目包括：

- 成功和内在平静的启动营：这是为期一年的精通生活团体教练项目，每个月4次电话会议，其中前3次聚焦于经验教训。在第4次会议中，所有成员登录并参与公开的教练论坛或是与客座专家进行对话。
- 量子内在平静之大师心智（面向成功和内在平静启动营的结业者）：为期6个月，与上面一样，每个月有4次电话会议。
- 面向教练们的六大超越特征：这是为期6个月的认证项目，培训教练们自己启动和运作团体教练项目的能力。（也是每个月有3次电话团体教练，在6个月里还有10次客座专家电话会谈，再加上参与者之间的群体策划。）

所有的项目都是线上提供的。我还在周末就"量子内在平静之大师心智"提供工作坊。

团体教练吸引我，是因为我渴望帮助更多的人。我能够做的一对一教练已经达到了人数上限，并且我也需要赚钱还债。

在8个月的时间里，我发起了4个团体教练项目，参与者分别是12人、20人、18人和21人，他们的大部分信息是我从电子杂志的名单上获得的。我还免费主持与大师对话的电话采访直播，人们认识了我，且还想了解更多。在提供团体教练项目之前，我没有任何东西可以提供。而现在，只要我一做，他们就都跳出来了。

当你已经决定做线上项目时

在线上引导团体与在线下非常相似，只是还需要考虑一些特别的事项。因为在线上开展教练工作，除了需要具备第 3 章提及的核心技能，还需要提升下述技能：

· 聆听能力——听到客户说出来的和没有说出来的；

· 电话会议管理能力；

· 理解团体发展过程；

· 处理不同的话题和应对不同风格的人。

线上会议的六大关键成功因素

1. 策划一个可行的议程或者系列议程。

2. 有效运用科技手段。

3. 让参与者做好准备并且自己做好前期准备工作（通过设定基本规则让大家按时出席电话教练会议并且确保专注）。

4. 让参与者在线上会议进行过程中保持专注和投入。

5. 建立信任和积累社交资本。

6. 在两次会议之间维持动力。

资料来源：Julia Young, 2009。

线上教练所需要的技能

威廉姆·罗特维尔（William Rottweil）说过："不管场地如何，实际上优秀的引导师所具备的胜任力要素是非常一致的。然而真实情况是，通过线上和其他电子媒介进行引导，可能特别需要运用科技手段的能力。"

绝大部分在线上学习的课程都非常注重线上团队的情境，尽管团体教练不是与团队一起工作，但是很多团队的原则可以通过调整之后在团体情境中使用。

《卓越引导师》的作者弗兰·瑞（Fran Rees）表示："线上团体教练的引导师必须找到让团体成员提供输入的方法，让大家了解其他人的想法并给予反馈，再通过头脑风暴想出有效的解决方案。"

玛格丽特·贝利（Margaret Bailey）和劳拉·卢肯汉斯（Lara Luetkenhans）指出了引导师与线上学习团体共同工作时必须考虑的核心内容，包括任务和问题、团体动能和互动、团体成员的作用、媒体上的沟通和引导方法。他们特别鼓励引导师：

· 帮助团体成员感受到与其他成员和引导师之间的连接；

· 及时提供有意义的反馈；

· 在团体成员之间有冲突时介入，并强调已经达成共识的基本规则。

这些核心部分在团体教练的情境下也是非常重要的。

线上工作需要思考的关键原则是：

· 加强团体内的信任；

· 为参与者创造空间；

· 允许参与者在电话会议中或会议之外认识彼此；

· 注意沉默的重要性以及沉默时的舒适度；

· 使团体规模最小化：首次在线上进行引导是更具挑战性的；

· 为那些不能打电话的人设置一个可记录的选项，并且需要非常清楚地告知团体你如何使用这些记录；

· 询问团体："我们想要共创一个什么类型的环境？"在开始的时候就建立共同工作的基本规则或方法；

· 维持一个充满自信的环境；

· 鼓励客户在两期活动之间进行交流。

当从线下项目切换到线上项目时，教练需要考虑的问题有：

- 我可以保留不变的部分是什么？
- 我需要做出哪些调整？
- 哪些练习可以变成是参与者需要在两次电话之间完成的任务？
- 我需要如何改变我提供的材料？
- 这个项目在线上将需要多少时间？

保持客户在线上的投入度

保持客户在线上的投入度是非常重要的，你可能要与电子邮件和其他随时分散客户注意力的事情进行竞争。保证参与者在线上充分投入的方法有：

- 用点名开始你的电话会议，这样每一个人都能听到；
- 每 7 ~ 10 分钟停顿一下，点个名或者改变一下节奏；
- 使用多种交付方式，例如提问、迷你讲座；
- 轮流问参与者一些问题；
- 通过电话完成一些短练习（例如思维导图、愿景问题、画画）；
- 请注意谁做出了贡献、谁没有；
- 有规律地检视团体正在前进的节奏如何；
- 保证按时开始、按时结束；
- 提供一个清晰的你们正要前往的方向；
- 在一开始就创建基本规则；
- 鼓励每一个人都表达自己的意见；
- 审视团体成员能够承担的不同角色（如时间管理员、记录员等）。

提升下一次电话教练项目的小技巧

对于电话团体教练，不管你是新手还是有经验的老手，这里都有一些需要考虑的重要事项，能够帮助你主持好下一次的电话教练项目。

后勤安排和支线服务

1. 选择一个可靠的支线服务：不是所有的支线服务都是一样的，所以请你从地理位置、可靠性和服务质量方面为你自己和你的客户选择支线服务。比如：这个支线提供免费的呼入选项吗？多少成本？这个支线提供电话记录服务吗？是免费的还是需要一定的成本？通话质量如何？同时上线的最多人数是多少？你需要预定专线还是可以全天候随时接入？

2. 电话录音：客户经常要求我对团体教练电话进行录音。那你是怎么做的呢？应该录音吗？我自己比较常用的做法是，录制每一次的教练会议，但是仅将录好的资料在团体内部回放。这个附加项常常被看成是最大的加分项，特别是对于那些不能参加所有教练电话会议并且在方便时想要回听这些内容的人而言。大家经常问我："为什么不将你的项目汇集成为一个可以在家学习的课程？"但为了维持教练过程的完整性和保密性，我选择仅在团体成员之间分享记录，除非参与者们达成了一致，同意分享他们的资料。永远要保留一个备用的支线服务，让你能够切换过去并且提醒参与者可能需要改变支线服务。你可以通过拨打电话或者发邮件告知参与者如何操作。

3. 检查电话会议的时长：你的团体教练电话会议真正需要多长时间？一个小时够吗？在你确定通话时长和会议时间点（见下一点）之前，请罗列出你的练习活动和内容。接受采访的教练们表示他们比较喜欢的时长平均是60 ~ 90分钟。

4. 检查会议内容：少即多，在开发内容时请你考虑80/20原则。当你考虑在下一期团体教练活动中放入什么内容时，请把这次想要涵盖的内容的20%放到一边，作为一个新项目或是新一期活动的种子。请留意，当你提供了更多的对话空间时会发生些什么。要记住团体教练更多的是关于对话和反思而不是关于内容和教学的。

过程中的小技巧

1．在电话会议开始时提供一个议程：让大家知道你们正去往哪里，即使这是一个很宽泛的议程。在整个电话会议过程中回顾议程，因为人们有不同的视觉线索，而且这样还能够帮助他们发现干扰。

2．在电话开始时讨论预期：这个可以在项目开始之前通过一对一的电话完成，或者作为小练习轮流发言讨论。

3．在系列项目启动时创立基本规则。有一些核心的基本规则（请参考第 4 章）是你可以在所有的项目里面都包含的，还有一些是需要在电话项目中额外考虑的基本规则。本章中列出了这些规则。

4．会议进行过程中回放一些出现的主要观点和主题，予以强化和总结，同时支持非听觉学习者。

5．定期检视你的客户，观察他们正在做什么以及是否有任何问题：因为缺少面对面工作时的视觉线索，所以电话团体教练需要一个不同的关注点，即保证客户在这个过程中的投入和互动。请你频繁检视你的客户。做到这一点有几种方法，你可以问一个问题然后让所有的参与者进行回应，或者让他们评估自己的投入度，从 0 ～ 10 分进行打分。推荐大家每 7 ～ 10 分钟检视一次你的客户。

6．在整个过程中，这些每 7 分钟一次的间隔和休息，为教练留出了改变节奏和活动风格的空间，这也为团体成员提供了互动的机会，他们可以相互问一些问题。此外，这还保证了大家的投入度。

学习风格

1．请记住要尽可能提供视觉线索，因为 60% 的成年学习者主要是通过视觉学习，这就意味着你可以为他们提供下述内容：

- 在开始电话会议之前准备一份讲义或手册，在整个过程中将其作为参考资料，并且参与者可以在上面做笔记。

· 增加一个网络研讨部分。网络研讨有个额外的优势，就是会有一块每个人都能看得见的白板。但是不要假设所有人都能够参加研讨会或用好这种科技手段。

2. 通过你的电话教练会议满足各种学习风格参与者的需要。请问问你自己，为了满足这些人的需要，你能够做些什么？

· 对于通过做进行学习的触觉学习者；

· 对于通过看进行学习的视觉学习者；

· 对于通过听进行学习的听觉学习者；

· 如果电话沟通的渠道主要是聆听，那么为了支持这些学习者，你是否可以增加任何其他的什么内容？

线上练习

1. 请在你的线上活动中加入一些练习，就像你在线下时一样，但是现在需要做些改变。练习可以像思维导图、个人标签或SWOT分析一样的简单，但是要确保人们在电话会议进行的过程中能够保持投入和活跃。在使用各种各样的练习时，不仅要让大家说，还要让大家动手写。

2. 针对你最喜欢的线下练习和工具，请考虑需要做出些什么改变和调整。当教练和引导师将他们最喜欢的活动调整为最适合电话教练的活动时，许多人都非常惊讶。那你需要做出什么改变？在电话开始之前你能够做些什么准备工作？为了让这个练习在电话里实现，你需要开发出什么新的支持工具？在附录里面你可以看到一些练习活动，以及关于如何调整线下练习来适应线上情境的建议。

3. 考虑需要哪些准备工作：在电话教练过程中时间会过得飞快，那什么样的准备工作，如阅读材料、作业、练习、笔记等，能够帮助客户在参加活动前做好充分的准备并投入其中呢？请在电话教练之前考虑参与者能够从什么样的材料中获益。线上项目与线下项目最大的不同可能是比较容易让客户在电话教练开始之前完成作业而不是在线上做一个比较长的练习。在线上花时间进行讨论和总结可能会更好。关于总结的提示，请参考第 2 章中的问题。

4. 持续跟进参与者的投入度：注意谁在讲话，谁在保持沉默。是否有谁在消磨时间？参与者在言语上的投入与你所认识的向内的或向外的参与者，以及与他们学习的方式是如何匹配的？

5. 建立一个线上虚拟桌：在电话教练项目中，我喜欢用线上虚拟桌管理团体动力，具体做法是邀请参与者在电话教练开始时坐在线上虚拟桌旁，然后点名。在电话教练开始时，我要求参与者在小册子上画一个桌子，正方形的、长方形的或者圆形的桌子都可以，并且把我放在桌边的一个位置上。在大家登记时，我会让团体成员在各自坐的位置上写下他们的名字。这样的视觉地图能够帮助我们在讨论问题的时候快速地完成一轮，而且在活动结束时能够非常快速地完成总结。这个方法可以在每次活动中使用。

6. 将沉默功能最小化：在团体教练中，我喜欢尽可能将沉默功能最小化。我鼓励参与者在一个安静的地方通过固定电话接入，在项目开始时还需要指导参与者如何在需要的时候保持静音，因为在通话时没有什么比背景中有噪音或参与者的沉重呼吸声更糟糕了。考虑到团体教练过程中的内部活动，以及成员之间的亲密度和个人特质，除非绝对必要，否则我会鼓励参与者不要保持沉默。

请参考附录并选择具体的团体教练练习活动进行练习。要注意针对线上活动的一些改变。

线上的基本规则

线上的基本规则与其他项目的规则相似（请参见第 4 章和第 7 章的基本规则）。

你可以添加到线上项目中的其他基本规则包括：

· 减少项目中任何分散注意力的东西，所以请关闭你的手机、电子邮件等。

- 准时上线（甚至是提前一两分钟上线）。

- 如果你提早上线，但是其他人还没有上线，请耐心等待，因为支线在这时会很忙，中途退出再上线可能不太顺利。

- 如果你还有其他的呼入等待，请在电话会议之前解除。

- 请在一个安静的地方上线，如果你所处的环境比较嘈杂的话（例如有电视的声音、狗叫声、小孩的哭喊声），请使用静音键。

- 最理想的是使用固定电话接入，使用移动电话或者 VoIP 可能会降低通话质量，所以如果可能的话请尽量避免。

- 如果你的房间里面有其他的电话，请在上线前关掉铃声。

- 如果你掉线了，请立即再次上线。

- 请在每一次说话之前介绍自己，例如"嗨，我是……"，这样其他人都知道是谁在讲话。

- 请对"大家想听到每个人的事实"保持敏感，练习直述要点技术，并且觉察你使用了多少通话时间。

我经常会在一页纸的常见问题中罗列这些内容，并在电话会议之前发给大家，或者放在网页上供大家下载。

问题思考

电话教练能够给客户和你自己带来的巨大影响是什么？

如果将你的工作转换到线上，你的学习优势是什么？

你需要发展一些什么技能？

你需要将哪些系统或事情落实到位？

任何电话项目都必需的 10 个要素

- 支线服务（备用支线也是必需的）。

- 静音功能。要考虑的事情包括：在支线服务上要有静音功能，这样一来，如果需要的话，参与者自己能设置静音或解除静音，而且在需要的时候能把其他人静音。
- 一个计时器。
- 一部准备好的电话。
- 一间安静的房间。
- 能够满足视觉学习者需要的参与者手册。
- 网页上的展示功能（例如 WebEx 或其他）。
- 录音功能。
- 电话上要有闪烁功能——一些录音设备会要求你按下闪烁键才可以开启支线的录音。
- 在电话会议之前须将指导书或常见问题发给参与者。对于不是教练的人来说，准备好这些是非常重要的，因为在会议开始时他们可能不熟悉或者不适应。

表 6.2 自评估：你准备好运营一个线上项目了吗

关于线上教练，请针对自己的具体情况就下述项目打分，从 1 分到 10 分，1 是最低分，10 是专家级的最高分。											
	1	2	3	4	5	6	7	8	9	10	不适用
我知道如何使用电话会议的支线服务											
我已经有了一个支线用来支持我的项目											
我知道如何使用线上平台，例如 WebEx											
我已经在使用网络平台交付教练项目了											

关于线上教练，请针对自己的具体情况就下述项目打分，从 1 分到 10 分，1 是最低分，10 是专家级的最高分。											
	1	2	3	4	5	6	7	8	9	10	不适用
我已经有了一个线上的聊天室或沟通群，例如 Yahoo 群，在那里参与者可以见面并彼此分享信息											
当科技手段崩溃的时候我有预案											
我已经为线上会议建立了基本规则											
我知道如何录制电话会议											
我知道在需要时如何将所有的参与者都静音											
对于突发情况我有多个备用支线可用											
我知道如何在团体成员之间建立连接											
在项目开始之前我有一个让参与者建立连接的方案											
我知道如何在电话里面创造一个安全且保密的环境											
我知道如何在线上团体活动中建立信任											
我知道如何在线上管理冲突											
我能适应沉默											
我知道如何检视沉默是不是同意的信号											

续表

关于线上教练，请针对自己的具体情况就下述项目打分，从 1 分到 10 分，1 是最低分，10 是专家级的最高分。											
	1	2	3	4	5	6	7	8	9	10	不适用
我知道在电话教练中如何调整我最喜欢的教练练习活动											
我知道在线上项目中如何关注其他学习风格的人											
其他											

完成自评之后，请审核一遍。同时记录你对下述 4 点的回应：

- 我最大的优势是：

- 我想提升的方面是：

- 我需要采取的行动是：

- 我愿意承担的是：

电话团体教练的快速路线图

下面是快速路线图的核心活动清单，在电话教练开始之前，可供大家参考：

- 建立一个支线。

- 决定团体规模（电话团体教练的规模平均可能是 4 ~ 6 人）。

- 思维导图以及材料和内容的开发。

- 在活动开始之前就与参与者见面，找到他们更多的兴趣点并建立一对一的连接。询问他们："本次项目的目标是什么？参与之后想要收获的是什么？你们认为优先级最高的是什么？"

- 能够通过电话组织会议。

- 能够通过调查问卷或网络调查（例如调查猴子）来完成调研。

- 在教练开始之前发给参与者一个模板。理想一点的话，至少在开始之前的一两天就发。

· 模版上可能包括：需要提前做的练习；资源清单和阅读资料清单。

· 你会在团体教练中涉及的信息。这样你就可以直述大家感兴趣的信息或者是关于话题的实质性的背景信息（例如领导力），而不是花时间回顾信息，以顺利进行电话教练。

常见问题

就经验而言，对于一个 60 ~ 75 分钟的会议，典型的分解步骤是：

· 登记注册（包括两次活动之间更新他们完成任务的情况）以及明确参与者在本周会议上想收获什么（5 ~ 10 分钟）。

· 项目或者本期活动的概况（仅在第一周——30 秒 ~ 3 分钟）。

· 建立基本规则（仅针对第一次活动——5 ~ 10 分钟）。

· 与周话题相关的迷你讲座，例如价值观，你也可以将其包含在模型里（3 ~ 5 分钟）。

· 与周话题相关的练习：分小组练习（10 ~ 30 分钟）。

· 讨论：整个大组都参与（5 分钟）。

· 迷你讲座（8 ~ 10 分钟）。

· 练习或者讨论（10 ~ 30 分钟）。

· 两期活动之间的任务布置（3 ~ 5 分钟）。

· 总结或迷你评估（5 分钟）。

· 考虑你的时间安排。最初，我的绝大部分项目都是 1 小时，后来我发现在 1 小时之内不能真正地既完成这些内容，又深入探讨参与者带到本次会议中的议题。因此，我的电话项目时长已经延长到了 75 分钟，通常这样能够涵盖更多的信息或探讨更多的话题。教练可能会发现 1 个小时通常是最方便的，所以请你评估对于你的客户来说什么是重要的。

· 决定你的项目时长，这一点取决于针对这个话题你已经准备了什么内容。

总结：电话教练项目的结构

- 欢迎和自我介绍、登记注册：10 ～ 20 分钟。
- 关于教练话题的内容：40 ～ 50 分钟。
- 总结或评估：5 ～ 10 分钟。

如何准备你的第一次线上活动

准备你的第一次电话会议，可能是非常令人伤脑筋的事。然而，我经常会发现一旦教练们跨过了"第一次"的障碍，他们就会爱上它！这里有一些快捷的方法让你牢记如何准备：

1. 作为参与者出席一些其他的会议，观察活动中的不同风格，然后问问自己：

    这个引导师做的什么是我喜欢的？

    这个引导师做的什么是对团体体验有积极影响的？

    这个引导师做的什么是对团体体验有消极影响的？

    他们使用了什么练习？

    他们分配了多少时间进行讨论？

    引导师是如何关注不同学习风格的参与者的？

    我想带走的一个学习收获是什么？

2. 测试科技产品。

3. 参考你正在使用的科技产品网页上的常见问题，找一些设置静音和录音的小技巧。

4. 把 PIN / 密码放在手边。

5. 始终有一个备用支线。

6. 准备一个应急计划，不要害怕意外！

7. 请在项目开始之前发出提醒——因为人们是健忘的！

8. 根据表 6.3 确定可能出现的坑。

表 6.3　电话情境下可能出现的坑

坑	做些什么
没人讲话	直接要求参与者发言。 让客户在会议开始时登记注册，就坐在线上虚拟桌旁边。
所有人一起讲话	与团体成员讨论这一现象。 让团体成员沿着他们自己创建的线上虚拟桌完成一轮发言。
支线故障	有一个备用支线。在项目开始时，请你清楚地指导客户如何切换到另一个支线。例如，我会给上线的客户发个电子邮件："当出现重大的支线质量故障且我们需要切换支线时，我将会发给大家一封邮件。所以如果你遇到了什么问题或没有人在线时，请检查邮件。"
一个人主导了会议	设定边界或直接要求每一个人发言。 提问："其他须注意的方面有哪些？" 提醒线上的客户使用直述要点原则，注意他自己发言所占用的时间。
一个人不停地讲	在第一次会议上强调要直述要点。 让团体成员给直述要点建立一个代号。
看似沉默拖了后腿	沉默是好的，只要在适度的范围之内。 创建"沉默是金"的原则，这样人们知道在 15 秒之后或者当你说出这个规则的时候，你将会继续，除非有人要补充其他的什么内容。
客户迟到	在第一次活动开始的时候大家一起讨论对彼此的期待。

网络 2.0 及其对团体教练的影响

如果还没有讨论到科技手段和网络 2.0，这一章还不能结束。科学技术的持续快速发展改变着面向客户的设计和交付方式。

大部分网络 2.0 工具都是为了方便交流、加强协作和促进信息的分享。

总体来说，网络 2.0 工具包括：

·社交网络，例如领英、脸书；

- 博客；

- 维基：允许团体成员分享内容，通过合作创建内容；

- 播客；

- 订阅；

- 推特——用于传播信息的社交软件；

- 维基百科；

- 视频和媒体分享。

所有的这些平台对团体教练的帮助都十分巨大。你可以思考下述问题：

- 你如何通过社交网络来传播你的项目，例如领英和脸书？

- 博客会对项目起到什么支持作用？你能够为参与者们建立一个专属的博客吗？如何通过博客提升你的曝光率，实现引擎优化搜索？

- 维基：允许团体成员分享内容并协作创建内容。几年之前，我代表美国培训与发展协会（American Society for Training and Development, ASTD）为 2007 年的国际会议联合主持了一个学习实验室。我们使用了维基平台来创造和捕获集体智慧和最佳实践，在项目开始之前、进行中和进行之后都使用了。

- 对于你目前在市场营销、项目实施或者两次会议之间的动力，Youtube 能够为你提供什么好处呢？

　　除了这些通用的平台，教练们喜欢在团体教练过程中使用的特殊工具还包括：

- Moodle（www.moodle.org）；

- Skype（www.skype.com）；

- www.freeconferencecalling.com；

- AudioAcrobat（www.audioacrobat.com）；

- MaestroConference（https://www.linkedin.com/company/maestroconference）。

问题思考

你想要使用什么线上工具?

第9章和第10章将会更加深入地探讨线下教练项目,包括一些后勤安排方面的思考。

本章回顾

· 关于提供线上项目,你主要的学习收获是什么?

· 你很可能提供的线上项目是什么项目?

· 在这个领域,你向前迈出的一小步是什么?

· 完成表6.2的自我评估:你准备好去引导一个线上项目了吗?

第 7 章
团体教练项目的重要元素

卓越就是把普通的事情做到极致。

——约翰·W. 加德纳（John W. Gardner）

本章汇集了教练和执行师们都想在团体教练项目中体现的必要元素。

我有一个名为团体教练必要元素的项目，参加过这个项目的执行师们都表示，没有比这个项目更好的项目了。因此，本章的第二部分将着重介绍其他团体教练在组织内开展团体教练的经验。

本章重点汇集了团体教练的核心理念和必需事项，具体包括：

· 团体教练必备的典型要素；

· 必需项——团体教练工具箱；

· 必要项——参与者所需资料；

· 为你的团体创造丰硕的成果；

· 必要的需要评估（针对企业团体和公众个人团体）；

· 必需的工具——便利贴和索引卡；

· 必需的书籍和其他资源；

· 团体教练的必要技能；

· 现场之声——重要的提醒和教训。

在本章中，我也跟随教练们去打开并检查自己的工具箱，看一看为了项目的成功大家已经拥有了什么，还需要些什么。

高效的商务和项目管理系统以及合理的后勤安排，能够使团体教练工作更加高效。这个话题将在第 9 章中进行阐述。

团体教练必备的典型要素

很多教练都渴望知道团体教练过程的典型结构是什么样子的。总体上来说，每个团体教练项目都会包含下述几个部分：

· 事前准备；

· 项目开场；

· 教练过程；

· 项目收尾；

· 项目跟进。

下文将分析任何团体教练项目中需要具备的典型要素以及每个阶段需要安排的关键活动。

事前准备

· 为了更好地了解你的客户，你需要完成团体教练客户评估模板（请参考第 5 章）；

· 如果客户是企业或是一个完整的团体，那么你需要与客户达成一致，或者事先与每位客户进行一对一电话沟通；

· 完成注册登记（参考第 8 章）；

· 完成项目设计（参考第 5 章）；

· 做好后勤安排（参考第 9 章）。

项目开场

· 致欢迎词；

· 教练和参与者进行自我介绍；

· 教练介绍项目概况（如果这是一个多期的项目，那么请确认一些细节，例如每期都是在什么时间举行、可能布置什么任务、需要投入多少时间、大家拥有什么期待等）；

· 管理教练和参与者的期待；

· 确定基本规则（参考第 4 章）；

· 完成登记注册——可以按照下面的顺序询问参与者几个问题：

　—你想从今天的活动中收获什么？

　—本次你的教练话题是什么？

—我们将去向哪里？

—从上期活动到现在，你已经采取了什么行动？

教练过程

· 总体上来说，我会每个小时完成一两项内容。

· 我可能会安排一个"迷你教学"的部分（比如花5分钟讲解一个关于价值观或愿景的话题以及应用情境等）。

· 过程中的重点是提升客户的洞察力以及支持他们就本周的主题采取行动。

· 制定行动计划并跟进参与者如何将他们的收获运用在工作当中。

项目收尾

对于任何项目来说，收尾都是非常关键的，也是非常受人重视的（参考附录中的收尾练习）。收尾部分可能包括：

· 收尾活动；

· 对活动或课程的评估。

项目跟进

· 一对一的议题跟进。

· 如果客户有要求的话，需要编制报告。（对于企业项目或者政府资助的项目，这是一个典型的要求。一般来说，我只汇报已经完成的活动次数和日期，任何细节的披露都需要由参与者完成。如果资助方要求组织一个会议，但是参与者对此又感到不舒服，那么我会建议由我来引导参与者和资助方共同讨论。通常是参与者带着他们愿意与资助方和伙伴们分享的内容清单来参加这个会议。）

· 审核评估结果。

· 总结学到的经验教训。

· 项目的优化设计。

请问问你自己：在下一个项目中我想再加入哪些内容？然后请你拿出自己的团体教练设计矩阵，立即把这些内容添加进去。

必需项——团体教练工具箱

随着时间的推移，你最好创建一个自己的团体教练工具箱。在我自己的团体教练工具箱里面我最喜欢的 10 个工具是：

1. 必要的 3 个评估问题：什么有效？你打算带些什么回去？下一次我们需要做出什么调整？

2. 马克笔——最好是没有气味的那种，因为一些参与者可能非常讨厌普通的有气味的马克笔。

3. 空白的索引卡。

4. 大量约 10 厘米 ×15 厘米的便利贴。

5. 贴纸和彩纸。

6. 胶带——最好是隐形胶带或者一些有趣的胶带，你可以在大多数的便利店里买到彩色胶带。我通常很喜欢随身带上一个胶带以防万一。

7. 一把剪刀——因为你永远不知道什么时候会需要它。

8. 彩色的圆点——这个可以有很多的用途，比如用来让参与者给他们最喜欢的选项投票或者表明他们的偏好。这是一个可快速运用且色彩丰富的视觉化方法，能够使团体中所有的意见都能被听到和被看到。

9. 空白的名贴（通常是空白的名牌）——这是一个非常有用的工具，能够让教练快速地看到谁在团体里面并且迅速地叫出他们的名字。

10. 带有项目名称的明信片，参与者可以在上面留言或寄语。我会收集这些明信片，将其放入信封，然后在项目结束之后把它们寄出去。在项目结束之后，这是一个很棒的让学员们保持积极学习态度的方法。

提问：你还愿意在团体教练工具箱里添加其他的什么工具？

必要项——参与者所需资料

你可以考虑将下述重要的资料放到任何一个参与者资料包中：

1. 欢迎信；

2. 项目学习指南 / 手册（要有足够的留白以便参与者记录）；

3. 书或者电子书（这与客户回到家里和办公室后的持续学习相关）；

4. 关于团体跟进会议安排或者个人教练安排的公告；

5. 后续项目的邀请或声明；

6. 用于进一步跟进的资源清单 / 参考书目；

7. 名片；

8. 明信片（在项目结束的时候，参与者也可以把它当作写给自己的信，写上他们最大的收获，然后你将这些明信片寄给他们）；

9. 带有你自己公司标识的笔；

10. 在后续项目或服务中可以使用的优惠券。

参与者资料包可以是纸质版或电子版的，这完全取决于你的团体教练项目交付形式。

你已经有了什么材料？对于你的资料包，你想放入哪些必需的材料？

为你的团体创造丰硕的成果

60% 的学习者偏好视觉学习，所以提供什么材料给团体成员作为参考就显得尤为重要了。我自己喜欢为团体成员制作一个简短的小册子，然后要么将其带到线下的活动现场，要么在项目开始之前通过邮件发给大家（如果是线上项目）。之后我会继续与他们保持联系，让他们再次阅读几年前参加过的团体教练项目资料。

设计项目成果时，你需要考虑下述关键点：

1. 使成果具有相关性；
2. 方便参与者运用；
3. 确保能够满足客户的需要；
4. 确保有足够的空间记录；
5. 确定交付形式，使用虚拟的还是纸质的资料？

   · 应绿色环保；
   · 可使用网盘；
   · 可使用在线会员网站。

6. 项目成果容易被复制（你如何把它重新包装然后交付给另一个团体）；
7. 要为学习者留有空间以便他们总结：

   · 学习收获；
   · 下一步行动。

此外，你还需要决定材料的形式。例如在最近一次的企业项目中，我决定完全使用虚拟方式，所以我为参与者提供了一个网盘，里面保存了参与者需要的一些资料和其他资源。

你还可以用一张纸制作一个简短的小册子然后打印出来，因此你需要将4页纸的内容浓缩到一张纸上。小册子的内容可以是小练习的核心元素、强有力问题、行动计划以及方便记录的空白处。这个简短的小册子可能比较适合周期短一点的项目。

对于周期长一点的项目，我通常使用完整的手册或工具包（纸质版或者电子版的）。对于线上项目，我的习惯是每周按模块发出材料以避免给客户带来压迫感，同时也会留有很大的弹性空间允许我根据前一期的主题做出调整。

你可能也在考虑如何在线上为参与者提供材料。不管你是把资料放在共享白板上或作为文件存贮在会员网站上，还是放在你的网页或博客粉丝专区内，总之，你在线上保留一个额外存放材料的空间，对于任何较大的团体项目都是非常有帮助的。

当然，在所有的材料上都要注明你的联系方式。

必要的需要评估

在项目开始之前你应该问一些什么问题呢?

就像前面所提到的，在传统培训中通常推荐使用 15% 的时间来完成客户需要评估（卡琳娜，2003）。考虑到在团体教练项目中需要更加关注客户，所以在项目实施之前你花些时间设计教练关系就显得十分重要了。这可能包括一系列的一对一讨论以及在整个团体内进行关系设计。

表 7.1 是一个问题清单，你可以将其用于项目中的个人客户，也可以用于企业客户。

表 7.1　项目实施前针对客户的提问

企业客户	个人／公众客户
你想通过参与这个项目获得什么收获？ 关于交付方式、话题和学习风格，你的需求和偏好分别是什么？ 通过参与项目你想如何连接到你的： 　·绩效目标？ 　·作用（包括单独的和在自己团队中的作用）？ 　·发展需求？ 你将如何把学习收获反馈给你的： 　·团队？ 　·主管？ 　·组织？ 　·生命？	你想通过参与这个项目获得什么收获？ 你想探讨什么话题？ 关于你个人我应该了解些什么？ 关于你的目标我应该了解些什么？ 关于你的学习风格我应该了解些什么？ 这个将如何关联到你的工作、你的生活、你的人际关系？ 你认为最重要的话题是 _____（填入话题名称）。

必需的工具：便利贴和索引卡

我绝不会放在家里的工具就是便利贴或索引卡，它们都是非常出色的有很多用途的工具：

1. 用于项目开发——先通过头脑风暴想出所有关于未来项目的想法，然后再写到一些新的便利贴或索引卡上，切记每张只写一个想法，最后把它们摊放在桌子或地板上进行挑选和编组。

2. 作为一个评估工具，在项目进行期间用便利贴和索引卡从所有的参与者那里快速收集反馈。让他们使用便利贴或索引卡写出对你提出的评估问题的回应，然后贴在墙上。切记：一个问题和对应的答案写在同一张卡片上。

3. 用于商业策划或战略策划活动——对于提升大家的投入度、兴奋度和拥有感，没有什么能比让大家动起来更加有效的了。所以请你根据活动安排和优先级的安排，考虑在团体和小组中使用便利贴和索引卡。

4. 针对过程中突然蹦出来的问题，运用便利贴和索引卡在团体内进行快速测评。

5. 确保团体里的所有声音都能被听到。团体教练过程被某一个人所主导是相当普遍的现象，所以作为一名团体教练，你需要确保所有人的声音都能够被听到。让参与者用便利贴或索引卡写出他们的问题和回应，然后张贴出来进行分享，这样你就有机会让那些性格内向、比较害羞或者慢热的人参与进来，同时也保证他们的声音能够被听到。教练通过使用便利贴或索引卡，能够让每一个人的觉察被看见，能够给每个人平等的发声机会。

6. 为去向何处进行投票：教练可以通过使用便利贴让参与者表明他们所支持的观点，也可以设定不同的颜色代表不同的观点。

7. 作为头脑风暴的工具：你可以将便利贴或索引卡应用在参与者想要进行的头脑风暴练习当中，例如针对下述客户群体：

- 想清晰地描述事业愿景的小企业主；
- 处于职业生涯转型阶段的专业人士；
- 准备重返职场的全职妈妈；
- 想制定季度计划或年度计划的团体；
- 正在制作年度预算或者年度计划的夫妻。

便利贴和索引卡带来的可能性是无穷无尽的，那你想如何将便利贴或索引卡引入下一个项目之中呢？

为下一个团体项目准备的强有力问题

我们经常说问题是教练最好的工具，特别是强有力的问题，它对于客户探索自己的知识和智慧非常有帮助。

在接下来的几天里，无论你是在做一对一的教练会谈，还是在实施团体教练或者团队教练，请你有意识地将你的问题引入与客户之间的教练对话中：

- 是开放式的吗？
- 使客户在回答前屏住呼吸了吗？或者让他们停下来说这是一个好问题了吗？
- 长度少于10个词了吗？几年前我在教练认证课程上的一个重要收获，就是强有力的问题通常只有五六个词——请你去听一下自己的问题吧。
- 问题的结果是否真的让客户想到了不同之处，或深化了他们的理解？

下面是我非常喜欢在团体教练中使用的一些核心问题。它们不一定都是非常强有力的问题，但是能够引发人们的思考并强化沟通，具体如下：

开场 / 暖场

- 你对今天的期待是什么？你的担心是什么？你的困惑是什么？
- 你想从今天的活动中收获什么？
- 今天你的意图是什么？

- 今天你带给团体的承诺是什么？
- 你想在团体中扮演什么角色？
- 从 1 分到 10 分，你在这个过程中的投入度是几分？
- 今天你愿意承担什么风险？
- 为了走出舒适区，今天你能迈出的一小步是什么？

登记注册

- 今天你处在什么位置？
- 今天你怎么样？
- 从 1 分到 10 分，关于某某主题你处在几分？
- 从我们上一期活动结束到现在，你已经发生了什么变化？
- 你已经完成了什么？
- 有什么已经步入了正轨？
- 给予你支持的是什么？
- 你做出了什么新的选择或决定？
- 有什么新的东西已经出现和转变了？

活动的关注点

- 今天你想去往哪里？
- 关于某某话题，你最大的疑问是什么？
- 通过今天的活动，你想收获什么？
- 你带到今天活动上的焦点议题是什么？
- 对于团体的某某话题，今天你想付出的是什么？
- 今天在小组内你想扮演的角色是什么？你想持有的观点是什么？

过程中的检核

- 截至现在，你已经获得的最大的惊喜是什么？

- 在下一个小时、下一天或下一个活动中，为了走出舒适区，你可以做一件什么事情？
- 什么会强化你的学习收获？
- 在今天剩余的时间里或在下一次活动当中，我们可以做些什么调整？
- 截至现在，什么将会增加你的收获？你已经发生了什么转变？

采取行动

- 为了取得这些收获，你会采取什么行动？
- 从 1 分到 10 分，你对那些收获的兴奋程度是几分？
- 从 1 分到 10 分，你的投入程度是几分？
- 你会承诺什么？
- 你需要对什么说是，对什么说不？
- 你的成功看起来是什么样的？

活动结束时的问责

- 你将带走的收获是什么？
- 你最关注的是什么？
- 通过这个方式你可能收获什么？
- 什么将会在这一点上支持你？
- 在我们下一次电话教练之前，你会承诺做些什么，或者你会呈现什么状态？

必需的书籍和其他资源

当你逐渐深入了解了这份工作之后，创建一个属于自己的资源库就显得非常关键了。

许多教练都曾被问道："关于团体教练你愿意推荐的必需资源有哪些？"

表 7.2 必需的书籍

丽塔·维斯	《百万美元顾问》，艾伦·维斯（Alan Weiss）著，"这是我读到的最好的关于如何进行激励的书"。 《社会智力》，丹尼尔·戈尔曼（Daniel Goleman）著，书中"对人类行为的伟大洞察，对教练来说非常有帮助"。
马洛·尼基拉	《游戏展示全书》，约翰·纽斯特朗姆（John Newstrom）和爱德华·斯坎内尔（Edward Scannell）著。 《激活培训的101种方法》，梅尔·希尔伯曼（Mel Silberma）和凯伦·劳森（Karen Lawson）著。
马洛·尼基拉	《设计你自己的游戏和活动》，塞尔维亚·蒂亚戈（Sivasailam thiagarajan）著。 《玩转培训游戏》，爱德华·斯坎内尔和约翰·纽斯特朗姆著。
安·迪顿	《团队的5个动态功能》，帕特里克·伦茨（Partrick Lencini）著。 《激烈对话》，苏珊·苏科特（Susan Scott）著。

来自珍妮的必需书单

下面是我在项目设计、引导和教练时最喜欢使用的一些资源。

项目设计 / 练习

1.《引导教练：扩充你的项目和持续达成目标的工具箱》，戴尔·施瓦兹（Dale Schwarz）和安妮·戴维森（Anne Davidson）著（约翰威利国际出版公司）。

2.《静修营：关于策划和领导一场出色的室外活动，你需要知道的每一件事情》，玛丽安·利特曼（Merianne Liteman）、希拉·坎贝尔（Sheila Campbell）、杰弗瑞·利特曼（Jeffrey Liteman）著（约翰威利国际出版公司）。

3.《90名世界级培训师的90天世界级活动》，伊莱恩·碧柯（Elaine Biech）编著（约翰威利国际出版公司）。

4.《水银泻地：探险游戏、解决问题、相信活动及高效领导的导则》，卡尔·罗诺克（Karle Rohnke）和史蒂夫·巴特勒（Steve Butler）著（肯德尔亨特出版公司）。

项目设计、培训以及与成人学习者共创

1.《培训师手册》，凯伦·劳森（Karen Lawson）著（巴斯出版社）。

2.《团体上升中的ISD：教学设计中的实用方法》，恰克·侯德尔（Chuck Hodell）著（ASTD出版社）。

引导技术

1.《引导师的参与式决定指导》，萨姆·卡内尔（Sam Kaner）、兰尼·林德（Lenny Lind）、杜安·贝尔赫（Duane Berger）、凯瑟琳·托尔迪（Catherine Toldi）、萨拉·费斯克（Sarah Fisk）著（新社会出版社）。

2.《轻松引导！引导师、团队领导者和成员、经理人、咨询顾问以及培训师的核心技能》（附带CD），英格里德·本斯（Ingrid Bens）著（约翰威利国际出版公司）。

开创事业

1.《立刻拿下客户！为专业人士、咨询顾问和教练准备的28天市场营销项目》（第二版），C. J. 海登（C. J. Hayden）著（爱默康出版公司）。

2.《创造梦想：开启事业的加拿大向导》，沃尔特·S. 古德（Walter S Good）著（麦格劳希尔出版集团）。

教练

1.《共创教练：通过教练支持人们在工作和生活中获得成功的新技能》（第二版），劳拉·惠特沃思（Laura Whitworth）编辑（戴维斯－布兰克出版公司）。

2.《欣赏教练：积极地改变》，萨拉·L. 奥瑞姆（Sara L. Orem）、杰奎琳·宾科特（Jacqueline Binkert）、安·L. 克兰西（Ann L. Clancy）著（约翰威利国际出版公司）。

3.《U 型教练的必需工具：属于你的完整练习资源》，U 型教练出版（约翰威利国际出版公司）。

团体教练的必要技能

接受访谈的教练们都表示，这项工作所必需的技能包括：

· 团体教练技术；

· 引导技术；

· 通过实践进行练习。

为了你团体教练项目的成功，你需要具备的第 4 项必需技能是列出一份与市场建立关系的客户清单。

玛丽·艾伦和艾娃·葛瑞戈利通过调查发现，在 90% 的教练的客户名单上，只有 0 ～ 500 名客户，所以开发一个具有强大影响力的"名字"以及提升你的曝光度是非常重要的。在第 8 章中，我们会更加深入地探讨这个问题。

现场之声：
重要的提醒和教训

作为团体教练，我们所有的工作都是关于协作的。在写这本书的时候，我想为教练们提供关于团体教练的更多不同的视角，因此我采访了 12 位教练，他们目前都在从事着这份工作并且引领着这个行业。

下面是一些团体教练分享的金点子，用他们自己的话来说，这些都是他们学到的最为重要的经验教训。当你读到这些内容的时候，请将你最想融入自己的团体教练项目之中的内容记录下来。

MCC 金格尔·科克汉姆

一旦团体成形，他们就会接受对于这个团体的归属感。他们共同创造团体议程，分享最佳商业经验，分享个人智慧和洞察，随后团体的环境就变成了一个有力量感的和充满变化的环境。我的最佳实践就是在团体教练时不做老师或导师，而是做教练。可以使用的方法有：

· 问一问："议程上都有些什么？"

· 运用集体的智慧。

· 以客户为中心，即为客户提供讨论的机会。教练坐下来聆听，并成为对话的一部分。

· 呈现出教练状态。比如一名招聘专员问我如何能够教会他招聘技巧，但是他才是招聘专家。作为教练，我只能帮助客户跟进目标，并且支持客户达成他曾经不能达成的目标。

· 呈现一个完整且真实的你，而不是虚假的你。为了成为一名伟大的教练，你不需要拥有客户所属领域的全部经验。在团体教练过程中，成员之间会彼此分享专长和资源。

· 比较教练与培训。

· 通过教练和指导，你鼓励团体成员贡献他们的议题，并鼓励他们成长。

丽塔·维斯

· 相信团体教练过程。

· 认可并欣赏团体成员之间彼此支持的行为。

· 抛弃作为教练必须知道所有答案的想法，允许团体成员自己和团体发展的动力来促进目标的达成。

· 当大家向你学习时，请允许自己向大家学习。

CPCC、ORSCC 蒂娜·科尔伯特：

· 请相信团体过程是非常有效的。

- 当我作为一名教练工作时，我不是自己引导团体，而是依靠团体，因为这个团体形成了另外一个我们所有人都可以依靠的实体。

- 建立关系、口口相传、运用创造力和面对面会谈，这些都是很棒的市场营销工具。

- 即使我已经创建了一个外部框架，并且把大家带到了团体教练过程当中，我也还是依靠团体来共创议题。

- 一旦团体形成并确立了设计好的联盟关系，那么就需要在每一次活动时让议程保持流动性和灵活性。在团体成员学会互动之前，大家都非常喜欢有一个框架。

- 处理对改变的抗拒是一项突破性的工作，并且不是团体中的每一个人都有意愿和能力按照相同的步伐前进，这时就需要技巧、耐心和时间，也需要更多的支持、爱和提醒来帮助参与者跨越他们的边界。你可以通过一对一教练会谈完成这个过程，也可以通过团体教练共同完成。

- 因为持续保持高强度的学习可能会使团体的能量消耗殆尽，所以你可以花时间做一些游戏，保持项目的完整与平衡。

- 广泛意义上的终身教育意识——在团体中教练要保持内在的鲜活、敏锐和临在，在内心构建这样永久的资源是至关重要的。

- 教练必须成为想要呈现给客户的样子。

- 允许团体成员全然地打开，但不是使用流程化的僵化方法。

- 要非常公平地依靠每一位参与者，如果谁有机会能够成为领导者，那就让这个惊喜发生吧。

- 整体考虑每期活动和整个项目周期的安排，例如如何才能够非常专业地运营一个团体，从而不让这项工作的效果大打折扣。

- 请你保持多元视角，因为在那之外就是整个世界，特别是在经济下滑期间。

安·迪顿博士

· 你不需要重新开发一个项目，因为一旦你设计好了一个团体教练项目，之后你就可以通过调整来满足各种不同的客户需要。

· 人多就是力量：通过团体持续发展过程，团体成员能够在他人身上看见自己。

· 促进团体敢于担当（例如女性企业家团体），可通过建立行动和汇报机制达到这一目的。如果我的客户需要，可以通过一对一教练向我汇报。当他们与其他8个人分享的时候，几乎很少不去执行承诺过的行动。团体教练总是让他们非常兴奋，因为这能够促使他们实践甚至超越他们最初的承诺。

CPCC 维多利亚·菲茨·米格雷姆

· 教练不仅要相信自己的经验和直觉，还要让客户在生活当中也获得学习收获。

· 请准备好分享的工具和材料，同时也准备好如果有特别的事情发生时，可以随时放弃这些。

· 请感知你的客户群和价格定位，让市场保持透明并且可以持续发展。

· 我不会在项目结束时免费赠送一个月的服务，因为如果很多人都选择了这个选项你就不会收到任何费用，这对于教练的收入来说是非常残酷的。但你可以找一个提供免费服务的其他方法。

· 请在团体教练结束之后提供一些跟进服务，你可以通过团体投票的方式明确他们想要参与跟进服务的意愿度。

MCC 玛丽·艾伦

· 重点是你要让参与者有各种机会反复参加你的项目，你不能只让人们知道你的新教练项目一两次，而是需要主动曝光更多次。

- 团体教练的力量在于互动，所以你无须填满团体教练过程中的所有空当。当你捕捉到了集体的智慧并发现了教练的时机时，这种力量就会充分显现出来。
- 运用少即多原则。
- 对于有潜力的参与者，请你在邀请他们参加项目之前，找机会通过电话、练习或邮件与他们互动。

ACC 莫琳·克拉克

我们需要准备一个关于教练的描述以及关于教练投资利润率的说明，然后我们才能够让企业客户知道教练的益处有哪些。我不会花大量时间营销团体教练项目，因为我通常是做推荐人的工作。

ACC 吉尔·麦克法迪恩

我最大的教训是：最好不要孤身前行。我邀请了我的儿媳作为课程设计师，她帮助我打磨每页 PPT 和学员手册。能够有第二双眼睛给出一些专业性的意见，真的非常有帮助。

CPCC 琳达·蒙克

就像伯纳黛特·多伊尔（Bernadette Doyle）所说：只拥有那些需要我们提供必需服务的人是不够的，我们必须找到一群饥饿的人。例如，大部分乐于助人的人需要更多的自我关照、压力管理和更好地管理自己的时间，因为在工作和生活当中，他们已经将大部分的时间都奉献给了他人。然而他们必须处于想要的状态，同时教练自己也要定位好，知道自己能够为他们提供什么。到目前为止，我的经验表明市场营销是一个团体教练项目能否成功实施的关键。

在团体教练过程中，创造情感上的安全与信任是一个至关重要的最佳实践。共创议程、坚持保密原则、运用参与者的智慧与经验等，这些都能为创建一个情感上的安全空间助力。

PCC 苏西·艾伯林

我通过闭环管理来确保团体中的每一个人都能参加每一次的团体会议。请你记住总共有三个阶段。第一阶段是检核，简要概括你在哪里会暂停并且进行检核，以及你会关注团体中正在发生什么。检核时我经常会问大家"你收获了什么"或是"当下正在发生着什么"。第二阶段，是一个评估的阶段。第三阶段，是一个需要确保实施的收尾阶段。

神奇6周原则是我的另外一个必备品，有时团体在第1次活动时就会确立这个规则。通常我更喜欢邀请团体成员再多花一些时间，因为至少在6周之后你才能看见神奇之处。

CPCC 艾娃·葛瑞戈利

· 请你不要等到自己感觉准备好了再开始，干就行了。

· 不要等到你已经开发完了一个项目再开始营销活动，请你先创建一个大纲，然后再做好你的营销广告，并且算算是否会有经济收益。

· 请不要等到你的整个项目都全部开发完毕了再开始营销。你有了整体的项目大纲之后，先设定好日期，然后就开始营销并与一些人签订合约。你可以让客户根据每周教练活动中所发生的事情，一起帮助你设计这个项目。

· 如果你依旧处在新项目的设计阶段，那么我建议你以周为单位，安排出一些时间精细打磨这个项目的内容。

· 如果你热爱这个项目，那就不要等到一个项目完全结束之后再启动下一个项目。有一段时间我会每个月启动"领先生活，成功一年"的项目，后来是每两个月启动一次。

· 请确保你正在设计的项目能够匹配你的生活风格。例如，我正在运作一个跨度为一年的项目，所以我需要一些空余时间，因此团体教练活动安排在每个月的前三周。在第4周我们会邀请客座专家讲课，或者将其安排成"行为精进"的假期。如果我确实在前三周有一个商务旅行，那么我就能很容易地调整团体教练时间，这样我就能够真正地引领第 4 周，确保教练活动内容依旧在当月进行，而不是在课程结尾后进行弥补。

- 在教练项目活动之外，组织一个小范围的可以每周见面的智囊团。当我不在的时候，他们见面时所产生的支持、连接与动力可以持续保持团体成员之间的协同和能量的鲜活。
- 你需要每周都花时间创建与客户的关系并进行培育，这样当你准备启动一个项目时，就有了一个可以使用的客户清单。
- 通过学会使用脸书和推特，为建立与目标市场的关系创建一个新策略。
- 如果你的客户清单上的人较少，那就与其他拥有相同目标市场的人联合起来，并且为他们介绍的每位学员提供转介绍佣金。请切记这是合作而不是竞争。

在本书中的这个部分，我更愿意鼓励大家打开自己的工具箱，评估你自己目前正处于什么位置、你已经拥有了什么、你还需要些什么。

表 7.3　检查清单：打开你的工具箱

当下我拥有的理念	
我拥有的技能	
我正好已经拥有的（请列出来）	
适合的管理系统（参考第 9 章）	
营销材料	
网络机会	
交流沟通渠道	
财务状况	

续表

材料 / 资源 　练习活动 　准备好的内容 　其他的项目 　评估	
当下我可以获得的其他资源	
我还需要些什么	
技能	
资料	
财务管理系统、其他管理系统	
资源	
练习	
市场营销	
开发用的资料	
我需要问哪些问题	
下一阶段我的目标是（确保目标符合 SMART 原则，即具体、可测量、可达成、现实、有时间底线以及令人兴奋）：	
接下来我的行动	
我愿意担当的	

请再次回顾第 4 章中的团体教练自评估内容，看一看你现在的进展如何。

本章回顾

对于已经完成的项目，这些问题可以帮助你定期检核项目进展。对于正在实施中的项目，这些问题可以帮助你进行诊断。

· 自从我读了这本书之后，已经采取的主要行动有……

· 自从我读了这本书之后，已经完成的主要目标有……

· 在今年 / 本季度 / 本月 / 本周，我非常高兴的是我已经完成了……

· 目前我正在忙碌的项目有……

· 当下我自己 / 我的事业 / 我的项目所面临的机会有……

· 当下我自己 / 我的事业 / 我的项目所面临的挑战有……

· 今年接下来我想保留在雷达图上作为提醒的是……

· 在下一个季度 / 下一个月我想更加关注的是……

· 接下来的 6 个月 / 下一个季度我的优先安排是……

· 今年接下来我想被_____赋能和点燃。

· 到_____（填入日期）为止我将拥有……

· 接下来我的行动是……

· 我愿意担当的是……

第 8 章

市场营销的基本原则

任何成功的团体教练项目都需要有参与者参加。对于外部的教练和团体引导师来说，这一点可能是他们获得成功的最大挑战。内部的教练或者人力资源专业人士常常也需要内部市场营销，还需要争取预算的审批以及高级管理层的批准。

本章会为你提供一些关键的信息和市场营销方法，无论你是内部教练还是外部教练，这一部分都将聚焦在市场营销的核心内容，包括：

第 1 部分：市场营销基础——5P 原则；

第 2 部分：关于自己的一切——利基和有效领域；

第 3 部分：团体教练的市场营销实践；

第 4 部分：开发市场营销信息；

第 5 部分：通用小技巧；

第 6 部分：开发市场营销计划和策略；

第 7 部分：针对组织的市场营销。

第 1 部分：市场营销基础——5P 原则

教练在积累团体教练经验过程中常常最容易忽视市场营销。也许你非常荣幸，已经被一个完整的团体雇用了，所以看到大家就座或者听到对方在电话里传来的声音已经不是一个主要问题。

然而，市场营销常常是很多教练的转折点或突破点。你可以在纸面上完成一个伟大的项目，但是没有参与者，它将无法转化成现实。

我曾是工商管理学院的一名教师，也曾作为经理坐在预算决策桌的旁边，我知道对于外部或内部的专业人士来说市场营销是非常大的挑战。我在本章中将分享与各行各业数百名企业家共同工作的成功经验，目的就是让大家开始思考团体教练的市场营销并采取行动。

关于这个话题我可以单独写一整本书，而我在本章的目的是，让大家知道

在做市场营销工作时如何有效利用你的时间。从 2006 年开始，我运作了一个
"90 天成功商业团体教练"项目，成功地帮助企业主将注意力和行动聚焦在他
们自己的事业上。

事实上，在第 5 章中，大家已经了解了一些重要的市场营销基础工作。你
可能会回想起来，我们讨论过了解你的客户对于设计团体教练项目的重要性，
这就是市场营销的基础。有时间请温习一下笔记，通过你对客户的了解重新认
识一下自己。

首先，请大家回答一个问题：确切地说市场营销是什么？我们经常会讲市
场营销的 5P 原则——产品、价格、地点、推广和人。

这里讲的内容与市场营销 5P 原则没有什么不同：

· 产品：你将会提供什么样的产品或服务？

· 价格：客户愿意为这个产品付多少钱？

· 地点：客户可以在什么地点和什么时间获得你的产品？

· 推广：产品在客户心目中的可见度和形象。

· 人：谁会到场支持你？有时会是你的团队。

一些市场营销模型会用"参与者"替代"人"，或者使用市场营销过程中能
激活预期的"过程"代替"人"，那就让我们共同了解一下 5P 原则吧。

产品

你可以提供的产品是市场营销的基础，那你能提供什么特别的产品或服
务呢？

对于很多教练来说，他们可以提供的产品和服务可能包括：

· 个人教练；

· 团体教练；

· 团队教练；

· 工作坊和静修营；

·演讲；

·项目的 CD 或音频；

·电子书。

请就你当前能够提供的产品和服务列出一个清单，包括面向内部客户的和面向外部客户的。

创建你自己的产品漏斗

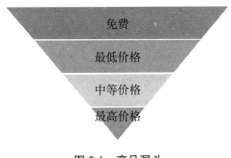

图 8.1 产品漏斗

在市场营销领域，产品漏斗的理念已经存在了相当长的一段时间。让这个理念在教练领域流行起来的是安德里亚·J. 李（Andrea J. Lee）的《教练收入的多种渠道》一书。通过产品漏斗，你能够了解如何开发增加你教练事业收入的多条渠道。

产品漏斗的基本前提是，通过免费产品第一次接触到客户，然后再进入漏斗中的下一步，即购买低价格的产品，这样他们就会了解你和你所提供的产品。随着时间的推移，他们将会变得更加"了解、喜欢和信任你"，他们将购买你更多的产品，价格也会不断提升。当你观察产品漏斗时，你也会意识到很多人会进入免费提供资源、产品和服务的层级，很少一部分人是在最高价格层级。这一点不一定是一个线形过程，有的客户也可能一开始就会直接进入最高价格的层级。

如果我们在教练市场营销中运用产品漏斗，那么可以在免费层级提供的产品有：

·辅助性的电子书；

·辅助性的电子课程；

·白皮书。

在最低价格层级可以提供：

·一次性的线上课程；

·收取一定费用的电子书；

·团体教练；

·会员网站。

在中间价格层级可以提供：

·团体教练；

·静修营 / 工作坊；

·家庭研究式项目；

·项目的音频或 CD。

最后在最高价格层级可以提供：

·团体教练；

·组织方面的教练工作；

·一对一教练。

请你问问自己：

·在你的产品漏斗中有哪些不同的层级呢？

·在你的整体产品组合中，你把团体教练放在了什么位置？（你会注意到，我们假设团体教练在产品漏斗中的所有三个层级都可以出现。那你想把它放在什么位置呢？）

为团体教练定价

我们如何为团体教练项目定价呢？这是另外一个需要考虑的战略问题，而且定价很多时候更像是艺术，而不是科学。

在你开始构思项目定价时，需要考虑以下内容：

· 在你的市场中（地域、利基或其他），目前相似项目的定价是多少？目前企业端的定价或公开市场的定价是多少？

· 你的客户愿意为团体教练支付多少钱？

· 你的客户能够承担多少？愿意付出多少？

· 他们什么时候会有资金来参加这个项目？

· 团体教练在你的整体产品和服务组合中处于什么位置，或者说在你的产品漏斗中处于什么位置？

· 团体教练在你的整个产品和服务组合中处于哪个价格层次？高的、中间的还是低的？

· 市场上其他教练的项目费用是多少？这些项目与你的项目有多少相似之处？又有什么不同之处？

· 在你的领域，相似项目的市场占有率是多少？

· 你自己想如何进行市场定价，是做行业的领头羊、采用市场价还是定比较低的价？

· 注册成本中包括哪些内容？

· 需要支付的间接成本有哪些内容？

· 在你第一次提供项目时，是否需要一个建议价格？

· 你是否想过为提前报名的客户提供额外的折扣？

推广

当我们讨论市场营销的时候一定会想到推广，即如何让这个世界知道你的产品。其实我们有很多种方法进行推广，包括：

- 口口相传；

- 广告——运用报纸、直接邮寄广告、电台、公共出版物、网络、博客等；

- 访谈——电视、广播、互联网、报纸；

- 转介绍：校友或老客户；

- 销售推广；

- 网页；

- 博客；

- 赞助——赞助特别活动、无声拍卖；

- 社交媒体——推特、领英、脸书及其他；

- 交易会展；

- 播客；

- 电子杂志或时事通讯；

- 公告和公共关系——为特定活动提供公益教练（例如作为入门奖、无声拍卖）；

- 演讲（付费的或免费的）；

- 你运作的其他项目和服务。

最有效的推广方法，就是让在项目中受益的客户口口相传和转介绍。通常这种方式成本最低且有着最高的复购率。

地点

地点，意味着你的产品或服务将在哪里提供，人们在哪里可以接触到你的产品，通过线上、线下还是加盟商？场地布置是一个关键的考量，许多教练都非常重视这一点。你也可能会考虑通过共同引导或者在其他场所提供你的项目，例如大学、社区大学、教育平台、体育馆、健身俱乐部等。关于共同引导以及如何通过其他方式让外界更加了解你的项目和服务的更多信息，你可以登录网站 http://www.groupcoachingessentials.com，从其中的"共同引导"一章获得进一步了解。

人

"人"经常被作为5P原则中的第5部分，这里的"人"包括你的团队以及所有那些与你共同工作、将项目变为现实的人。

请你思考下述问题：

- 指定谁来交付你的产品和服务？
- 你的团队包括谁？
- 你的团队还需要谁？
- 关于你提供的产品，还有谁能帮助宣传？
- 关于你和你的产品，他们会说些什么？
- 你的客户服务是什么样子的？
- 你的团队和团体项目系统如何支持你完成团队任务？
- 你将采取什么行动来强化第5个P——人？

第2部分：关于自己的一切——利基和有效领域

与无数的企业家共同工作之后，我认识和学习到：激情、成功、努力和经验是紧密相连的。我坚信，无论我是为他人工作还是为自己工作，我应该享受我所做的一切。

我现在以"90天商业成功团体教练"项目为例，分享一下市场营销中的有效领域的话题。受吉姆·柯林斯（Jim Collins）《从优秀到卓越》一书中的"刺猬原则"的启发，我认为可以通过下面的三个问题确定市场营销的有效领域：

1. 你擅长的是什么？
2. 你喜欢做的是什么？
3. 市场需要的是什么？

练习：

完整地做完下面的这个练习需要 15 ～ 20 分钟，这个练习能够帮助你从战略的高度找到最适合的市场营销方法，以确定下一步行动。

先花上几分钟完成自己的市场营销有效领域图。

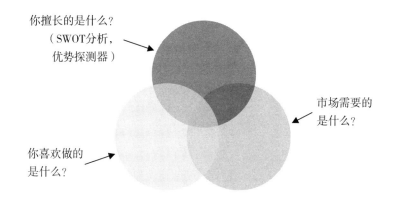

你擅长的是什么？
（SWOT分析，
优势探测器）

市场需要的
是什么？

你喜欢做的
是什么？

图 8.2　市场营销有效领域图

请用 5 分钟时间阅读市场营销有效领域图中的每一个部分，然后通过思考下述三个问题，绘制市场营销有效领域图：

1. 我擅长什么？

当开始做市场营销的时候，你真正擅长做的是什么事情呢？

将你擅长的所有事情列成一张清单，可能是演讲，可能是写作，你还可能是技术能手，能够在电脑上编辑短片，然后上传到 YouTube，将你的项目和其他一些服务在虚拟世界进行传播。

2. 我喜欢做的是什么？

什么事情是你喜欢做的？

也许是演讲、写作或播客。想一想在市场营销和推广方面你喜欢做的是什么？你热衷的事情是什么？

3. 市场需要的是什么？参考第 5 章的内容以及团体教练客户评估模板，然后问问自己：

· 你的市场需要什么？客户想要什么？

· 客户关心的议题是什么？（通常会说"客户的痛点是什么"。）

· 客户在哪里聚集、聚会或者闲逛？

· 客户在哪里收集信息？

问"为什么、是什么、什么时间、在哪里和怎么做"的营销方法，真的会帮助你准确了解你的客户。可是营销一个企业项目与营销一个公众项目是完全不同的两件事，你需要让客户群知道所有的事情，包括时间、地点、交付方式、费用、主题等。

三个圈重合的地方就是市场营销的有效领域。请你看一看自己的有效领域，然后回答下述问题：

· 你的有效领域是什么？

· 你的重合区域是什么？

· 现在比较清晰的是什么？

· 这些给你的市场营销带来了什么信息？

低处的果实

在市场营销方面，定义好"低处的果实"是非常有帮助的。那什么是"低处的果实"呢？它们就是那些最接近成熟的机会，可能是你已有的一些温馨提示，或者是在开发的过程中产生的一个机会，也许是你的项目中已经有的一个潜在客户清单，或者是一些人已经表示他们想要参加你的团体教练项目。

请你在此列出 5 个低处的果实：

1.

2.

3.

4.

5.

1% 原则

教练或者企业主常常会感受到市场营销的巨大压力，因为他们需要做大量的工作。想想在你的行动清单上有一个较大的目标已经停留了很久，你至今仍不想采取行动，就是因为它看起来太大，所以我经常会讲 "1% 原则"。

如果今天朝着这个目标前进 1%，那么它可能会是什么样子呢？请你将它写下来。

现在畅想一下，如果每天朝着这个目标前进一小步，那它将会是什么样子？如果你每一天都能够完成 1%，一个月之后它会产生什么样的影响呢？

30% 的改变，对吗？每天发生 1% 的改变会有多么的容易呢？

对于下一个项目，你将如何运用 1% 原则呢？

采取行动并予以跟进

常言道：青苔不会长在滚动的石头上。那到目前为止，你的事业上长了多少青苔呢？在前几个月中你已经采取了哪些行动呢？什么行动已经获得了可测量的结果？你保持跟进了吗？

我非常支持企业家基于切实的计划和愿景采取战略行动，然而经常发生的事实是我们紧紧抓住了计划和愿景，但是实际上没有采取行动。也许是因为我们觉得没有足够的信息（例如我们需要更多的教育、更多的关系网、更多的课程，我们还没有准备好，我们害怕，我们还不够好等）。类似这样的限制性信念，我们也经常会从客户那里听到。

在面对事业和项目时，你为自己设定的限制性信念是什么呢？你会因为害羞而逃避哪些行为？你会找哪些借口？

另外，我们不采取行动有时是因为选择太多。那么上一次你从战略的角度评估自己事业的优先级是什么时候？有什么已经完成了？有什么已经变成了负担？

我将会挑战你们每一个人，检核自己已经把时间和精力都花在了哪里、结果如何、什么对你们来说已经无效。"禁止清单"与"行动清单"常常具有同样强大的力量。

市场营销练习

行动：

1．为团体教练项目创造一个市场营销理念思维导图。

2．选出你在接下来的几个月中会重点关注的前三项或前五项。

3．对每一个需要关注的领域，设定符合 SMART 原则的目标。

4．遵循 1% 原则——请想象一下，如果你每天都会发生 1% 的行为改变，朝向你的任意一个目标前进，那么在一个月里面你可能会看见什么样的进展呢？请每天扪心自问：今天我能够采取的 1% 的改变和行动是什么呢？

5．不管是短期还是长期，你都要跟进什么有效和什么无效。请铭记，很多市场营销活动就像是播种子，在发芽之前你需要持续地关注和投入时间。

你在团体教练中的利基

在市场营销领域有很多关于利基的作品，利基能够帮助我们在竞争激烈的市场中独树一帜、与众不同。

维基百科中对利基市场的定义如下：

利基市场是关注某一个特殊产品的细分部分的市场，所以利基定义的是特殊产品的特征，旨在满足特定的市场需要，确定特定的价格范围、特别的产品质量和特定的人群。

当我们纵观整个教练行业时，我们会看到有很多特别的利基市场，比如小企业教练、领导力教练、在职妈妈教练以及职业生涯转型教练。很多市场营销专家都推荐创造属于自身领域的利基——有些人会在两三个特别的领域选择多个利基，比如我。这取决于你所精通的领域、你的热情和愿意投入的精力。多个利基是维持多样性的有效策略，它的挑战是要防止变得过于分散，同时还要在多个领域保持临在。

拥有一个利基的益处包括：

· 能够将你的资源和注意力聚焦在专门的领域。
· 会让你将自己定义为某一领域的专家或者关键人物。
· 会帮助你在竞争激烈的市场中独树一帜。

关于你的利基，请思考下述问题：

你将如何描述自己的利基领域的专业认知水平？

你为这个独一无二的利基提供了什么？是什么让你与众不同，比如你拥有哪些不同的技能、兴趣和热情？

还有谁（竞争对手）占据着这个利基市场？在这个利基市场中谁是最好的？他们擅长的是什么？你与他们的差距在哪里？

这个利基市场的主要需要是什么？

是什么让你在这个利基市场中独树一帜？

你的客户想从这个利基市场获得什么？

关于客户，你知道多少？

这个利基如何与你的价值观相连接？与你的愿景和热情又如何连接呢？

为了更加清晰地定义和阐述你的利基，你需要采取的行动是什么？

第 3 部分：团体教练的市场营销实践

除了长远的愿景，大家经常也会想了解市场营销方面的实践经验。本部分将会探讨这方面的几个关键性问题：

1. 线下和线上团体教练的市场营销之间有什么不同？

2. 营销项目需要花费多长时间？

3. 针对企业与针对个人的市场营销有什么不同?

4. 我需要准备好哪些市场营销材料?

线下和线上团体教练的市场营销之间有什么不同?

线上团体教练项目的一个最大好处，就是客户的来源更加广泛，他们可能来自全国或者全世界。一定要牢记，可视化对于注册登记来说是非常关键的，线下和线上团体教练最大的不同可能是渠道的不同。

营销项目需要花费多长时间?

你不能将团体教练市场营销看成是一次性事件，因为这是一个持续的过程，你需要一直谈论你所提供的服务以及它的价值。

www.BeyondSixFiguresforCoaches.com 网站的 MCC 玛丽·艾伦表示，她从团体教练中获得的最大收获是："要有多次机会让参与者进入你的项目，这一点非常重要。你需要多次曝光，而不是只让人们知道你的新项目一两次。"

销售人员经常说，在客户决定购买产品或服务之前，需要接触客户 7 ~ 11 次。这些接触包括一定数量的信息传递，比如通过博客、演讲、口口相传、电子广告、媒体上的文章等。那么你与客户之间已经建立了哪些不同的接触点呢?

此外，正如我们讨论过的，营销一个线下项目比营销一个线上项目会花费更多的时间，因为有一些现实的问题需要处理，比如预定场地。

在决定项目需要多少时间的时候，你需要去了解客户，比如他们住在什么地方、需要多少前置准备时间等。

市场营销的最佳实践包括:

· 针对项目进行有规律的持续沟通;

· 尽可能早地推广或者发布项目时间表，可以通过广告、博客、邮件等推广和发布;

· 持续并及时发布截止日期;

·在推广项目时创造一些附加值。

针对企业与针对个人的市场营销有什么不同?

本章的最后一部分将重点介绍针对企业的市场营销活动。相对于针对个人的市场营销,针对企业的市场营销具体有如下不同:

·前置准备时间和销售周期比较长;

·会要求提供更加宽泛的提案;

·要将项目的内容和成果关联到企业的愿景、目标、战略以及事务优先级;

·更加看重保密原则和汇报制度。

我需要准备好哪些市场营销材料?

我经常会鼓励教练持续开发一些关键的市场营销资料,这里的关键是持续。当然,你也可以根据市场需要和项目需要做一些修改,例如运营线上教练项目的人可能会更加关注通过网络呈现的内容,而不是纸质的小册子。

你可以在持续开发市场营销资料时考虑下述内容:

·电子邮件信息。

·电子杂志上的声明。

·小册子——内容包括项目日期、次数、简述(特别是当你在一年中有规律地提供几次教练服务时)以及关于如何注册的信息。

·团体教练项目信息包——信息越多越好!具体可以包括以下内容:项目大纲;后勤安排;课程的日期和次数;定价和支付方式;客户感言;自己和公司的背景;注册方式。

·注册工具包(请参考第 9 章中的注册工具包)。

·适合参与者的信息包,包括日志、讲义、小册子等(请参考第 7 章)。

请记住,质量不总是与成本相对应的。在下一个团体教练项目当中,你可以采用哪些成本低且有创意的市场营销方法呢?

第4部分：开发市场营销信息

不管你是内部教练还是外部教练，都需要针对将要提供的内容开发一个具有影响力的简要描述。市场营销专家经常谈到FAB法则，它们分别代表着属性、作用和益处。

属性：项目看起来将是什么样的？有几期？线下还是线上交付？

作用：有什么作用？这些作用看起来如何？

益处：项目的益处是什么？客户将会通过这个项目获得什么？

为了讲解FAB原则，我们假设有一个与成功商业项目相似的项目要开发。

属性：项目为期6个月，包括每月两次的1小时电话会议，再加上每月一次的30分钟一对一电话教练会谈。

作用：这是基于团体教练方法的体验式实操和客户定制化项目，每一次大家都会聚焦于促进事业成功的不同核心领域。

益处：使你更加专注于你的事业；有形的收获还包括绘制你的事业愿景、做出下一年的市场营销计划、找到你在事业上的核心价值观等。

提示：在第2章中，我们已经清楚地了解了很多教练表述的益处。

在你的项目总体信息中，请考虑包含下述内容：参与者；项目的益处；项目涵盖的标题和主题；项目都包括些什么（用餐/住宿/资料/教练活动；多少期/手册；项目运行前和项目运行中的支持）；成本、场地、位置；如何注册（电话、邮件、网络）；前几期参与者的感言。

科学技术

科学技术常常会给我们带来非常深远的影响，而这取决于你的客户群、利基和地理位置。

如今，科学技术已经极大地改变了我们的做事方式，包括如何让其他人知道我们的产品和服务。

有很多时候我们都可以说，科学技术已经使团队教练项目的市场营销改头换面了。如果说做到公平公正会使这本书受益的话，那我会毫不夸张地讲，科学技术正在频繁地改变着事物。

在整个社交媒体和社会网络蓬勃发展的大潮之中，我们也发现了一些新的市场营销渠道，包括许多新的网络交流工具，例如领英、推特、脸书。

当使用这些社交媒体的时候，你需要知道些什么呢？你计划使用什么方法呢？

描述项目的通用原则

使用客户的语言：作为教练，在会谈时我们常常为客户的语言感到忧心忡忡。因为不是所有的客户都能够理解教练语言，所以请你使用客户的语言。假如你正在运作一个企业项目，那就使用他们的行业语言，并且将项目与其连接。

清楚地知道真正的裨益是什么：对于你的项目，你要确保益处是有意义的和相关联的。（关于团体教练的更多裨益，请参见第 2 章。）在项目当中，评估对于清晰地了解项目裨益起着重要作用。在项目进行过程中以及项目结束时进行评估，你就会知道客户真正获得的益处是什么。（在第 10 章，你可以了解更多关于评估方法和评估问题的内容。）

收集参与者的感言：只要有可能，你就收集参与者的感言。内容可以是：

- 项目给他们带来的短期和长期影响。
- 他们获得的新洞察。
- 他们学到的任何技能。
- 他们通过参与项目所收获的成果。

我们通常仅在项目结束的时候评估一次。不幸的是，这样做并不能让我们知道项目带来的中期或长期影响。所以请考虑一下，你可以如何开展项目结束之后的跟进。

如果需要的话，请进行测试：有的时候教练可以通过零成本或低成本的测试来排练一下项目，这是一个增加自信心的机会，也是一个清晰掌握项目如何运行的机会。如果你正在测试你的项目，那么请你考虑如何运用这些经验。

贵在坚持：一定要记住，客户在决定购买之前可能要与我们接触 7 ~ 11 次。客户购买教练服务常常不是一个即兴的决定。那些对项目考察了几个月甚至几年之后再做决定的人，总是让我感到震惊，这也使我对这一想法更加坚定了。

团体教练项目的网络思考

如果你正在计划运营一个虚拟的线上项目，那么自己的网页将会是一个必需项，其中应包含的内容有：项目描述；属性和益处；项目交付方式；项目包括的内容；注册方式；咨询电话和邮箱；线上支付链接；参与者感言；下一个项目的开始日期；项目简讯和项目说明的链接。

第 5 部分：通用小技巧

当教练会谈的话题是市场营销的时候，我经常会问客户一个问题："什么活动将会给你一个强有力的支点，同时会给你带来最大的影响？"

这是一个非常具有战略意义的问题。你想将针对市场营销付出的努力聚焦在哪里？你的优先级是什么？你的行动清单上可能有 20 多项要做，但是哪些是真正最重要的呢？

请你问问自己，哪些活动将会给你带来最大的影响？依据帕累托原则，80% 的成果源自 20% 的项目，这个就是真正的支点。在你的活动中哪 20% 将会给你带来 80% 的成果？关于你的优先级，最佳有效领域将会让你有更加深入的洞察。

所以我常常会问："为了能够给你自己建立一个最强有力的支点并且产生最大的影响力，在本周你要做的一两件事情是什么？"我不会问："关于拓展你的事业和市场营销，本周你将会做的 10 件事情是什么？"

通过其他事件建立支点

请你千万不要将团体教练的市场营销看成是一次性事件。你可能非常想知道，在团体教练项目中，如何让客户与那些潜在客户彼此影响。

- 推广你的其他服务——因为参加了团体教练的客户已经知道了你的价值，所以利用这一优势分享你所提供的其他服务和产品。
- 手头保存一些项目方面的材料，例如其他项目的小册子、讲义、书签，任何静修营、项目、电话峰会的报名表格。
- 一张教练报名表的样表。
- 提供赠送一个月教练会谈的草稿。

构建关系并增加价值

市场营销不仅仅是编制一份客户清单，更加重要的是通过持续地提供价值来构建一种信任关系。文章、评估、有价值的资源链接、每天的语录或者是一个直播电话会议的邀请，这些都是非常简单的能提供价值的方法。同时请保持你在大家心目中的"第一品牌"形象。

——玛丽·艾伦和艾娃·葛瑞戈利

成功的市场营销是一种能构建客户关系，同时能为你的市场增加价值的方法。你永远不知道有谁已经准备好了报名参加你的下一个团体教练项目。他们在时间合适、资金充足且已经准备好参加这个项目之前，可能会需要三个月或者是三年时间做准备。

市场营销就是构建关系并增加价值

下世纪媒体公司在 2006 年的研究中发现，客户与教育客户之间存在着有趣的关系。

我们需要教育客户：

· 如果使用媒体广告，我们要教育客户 29 次以上才能让他购买产品；

· 如果使用直接市场营销，我们要教育客户 5 次以上才可能达成购买；

· 有 93% 的客户可能会将他们的体验告诉朋友和同事；

· 超过 94% 的客户对他们的购买满意。

资料来源：下世纪媒体公司。

问题

你如何通过市场营销构建关系？

你如何通过市场营销增加价值？

团体教练、工作坊和静修营的 7 个快速市场营销小技巧

请阅读下面题为"20 个项目市场营销的快速创意"的内容，请思考：哪些你已经尝试过了？哪些已经产生了效果？哪些已经种下了新的种子？在传播项目方面，你想采取的短期、中期和长期市场营销策略是什么？

在你营销下一个团体教练项目、工作坊或静修营时，一定要记住这 7 个快速小技巧。切记，这背后的哲理是营销你的价值并与你所期望的客户群建立关系。

技巧 1：持续坚持市场营销和 7 次原则。在人们决定购买你的产品和服务之前，你需要接触他们 7 ~ 11 次，那么你已经接触了多少次呢？

技巧 2：为老客户或当前的客户开发新产品和新服务。对于那些已经了解你或者已经体验过你的服务的客户来说，他们购买会更加容易，因为这些人已经变得更加了解、喜欢和信任你了。对于那些已经体验过你的服务并且非常喜

欢的客户，你还能提供些什么呢？

技巧 3：要求转介绍。如果你提供的是一个固定的项目或服务，口口相传和转介绍通常能够产生很高的回购率。那么你是否已经让你的客户推荐或转介绍了呢？

技巧 4：收集感言。有想法的客户会很想知道其他人是如何看待你的服务的。那么你从客户那里收集到了哪些感言呢？

技巧 5：从你当前的服务中开发项目分支。请你保持创造力，但不需要总是重新开发一个项目。从你的静修营或教练项目当中，能够开发出什么样的项目分支呢？你已经有的哪些项目可能被开发成静修营、工作坊或团体教练项目呢？你可以如何调整当前的服务，让它适合不同的听众？

技巧 6：考虑早鸟折扣价。对于提前报名的客户，你打算提供什么样的价格折扣？你是否有足够的激励措施保证提前招满学员，以确保你的线下场地能够坐满？

技巧 7：通过关系网传播信息。你是否已经尽你所能来传播即将启动的项目信息？你是否已经将信息传递给了关系网中的每一个人？请你始终如一地宣传你所计划的内容，因为我们永远不知道谁有可能会发现它有用。

---

20 个项目市场营销的快速创意

1. 针对项目相关的主题开一个博客。

2. 参加演讲。

3. 了解你的客户。

4. 加入专业协会。

5. 主持播客。

6. 开发电子杂志（例如可以每月或每周发出电子简讯）。

7. 就你熟知的、热衷的或者与团体教练项目相关的主题拟写文章。

8. 为你的事业开发明信片（www.Vistaprint.com）。

9. 与其他人合伙或联合。

10. 让你的老客户、同事和其他你认识的人转介绍。

11. 为无声竞拍捐赠奖品。

12. 为你的领域开发一个白板。

13. 开发一个线上免费课程。

14. 写书。

15. 定期检核你的事业愿景。

16. 定期查阅你的商业计划。

17. 定期升级你的商业计划、市场营销计划和市场愿景。

18. 创建战略关系。

19. 就与项目相关的主题定期提供免费的研讨会。

20. 通过你的关系网将项目通知和提示一起发布。当然，你也可以使用第三方的服务，例如 www.SendOutCard.com。

第 6 部分：开发市场营销计划和策略

关于如何传播项目，目前你可能有了一些想法，请花些时间把它们写出来吧。下面的表格我已经用了很多年，而且取得了很大的成功。你会注意到，表格上留有一些用于跟进成果的空间，这样你就能够针对什么有效以及效果如何产生记录一些基本的信息，也有一些地方可以记录成本、截止日期、新方案的名称以及简要描述。当然，你也可以根据自己的需要随意调整。

请你持续跟进你的成果，并且持续关注什么给你带来了影响，什么没有带来影响，哪些事情需要你持续去做或者持续给予关注。

表 8.1　市场营销计划模板

时间阶段：

名称	描述	成本	日期	成果 / 回应
通用部分——网页 / 打印 / 博客				
远程授课 / 转介绍				
会员				
通用公关				
通讯文章				
交易展会				

名称	描述	成本	日期	成果 / 回应
演讲				
其他				

第 7 部分：针对组织的市场营销

有一些读者是专门为企业工作的，例如内 / 外部的服务提供者、教练、人力资源专业人士等。

这部分内容是专门针对组织市场营销的简要介绍，包括营利组织、非营利组织以及政府机关。

如果在企业或组织中开展团体教练工作，那么针对市场营销、合同签订、案例和项目设计都需要有一些特别的考虑。本部分将简要探讨一些主要的差异，具体包括：构建关系；时间规划；预算制定；提案准备；需要评估；使用的语言；明确定位——项目和服务的融合。

构建关系：大部分的组织都想与他们的供方构建可靠的长期合作关系，那么你如何与这些组织建立连接呢？

时间规划：当面向组织进行市场营销的时候，你可能要考虑更长的前置准备时间，因为销售流程会变长。当你考虑为组织提供服务时，请明确他们有哪些方面需要前置准备时间：

· 后勤安排方面。

· 预算方面——他们的财务周期如何? 项目何时将获得批准?

· 项目方面——目前组织在学习、人力资源或者人才发展方面的优先级是什么? 如果将这个项目纳入其中的话, 那么他们需要多少前置准备时间?

预算制定: 这个组织能够承担的预算范围是怎样的? 人均是多少? 是否要考虑一个总体的折扣价格?

提案准备: 大部分的组织对提案、工作方式以及合同模板都有他们自己的内部要求, 协议的形式可能会各不相同, 可能是书面提案或者是协议书。组织可能会有标准的模板, 也可能让你提供一个模板, 这些大部分取决于你当时所处的环境。

你需要与合同方或出资方确认他们对提案有何要求。需要确认的基本内容包括: 项目背景; 项目目标; 项目的构成, 包括需要评估、设计、交付、成果评估以及后续跟进; 建议的时间表; 项目报价; 交付过的相似项目 (如果需要, 请坚持保密原则和不披露原则); 你将要雇用的任何分包商和其他教练, 包括他们的简历; 推荐信 / 感言。

使用的语言: 当我们面向企业进行市场营销时, 最为重要的就是要讲商业语言、管理语言和员工语言。你可能需要去学习一些新内容, 也很有可能需要调查企业的优先级是什么、企业的文化如何以及他们使用什么"语言"。你可以通过参加一些人力资源培训和绩效改善领域的活动来学习企业语言, 这也是对你未来职业发展的一种投资。

商业目标连接: 在与企业最初的讨论和对企业的研究调查中, 你应该说明你是如何将团体教练项目与企业的商业目标进行连接的。

大部分组织的团体教练项目的关键考核指标都包括与商业目标的连接, 那你的项目将如何支持组织的战略方案、年度计划、竞争力 (例如领导力和管理能力)、关键绩效指标、新的方案?

讨论的内容也将包括如何进行评估, 以及是否需要使用矩阵让组织进行项目结果评估。你也可以考虑，有哪些事情能够自己做，或者是否可以引进一些外部资源。

明确定位：作为一名团体教练，你需要考虑将项目和服务融合在一起。那么你是否想过将一对一教练和团体教练提供给同一家企业呢？或者你是想所有的工作都由自己完成交付，还是邀请其他教练与你共同完成呢？

保密原则和汇报制度：在遵守 ICF 的道德职业操守方面，坚持保密原则是团体教练工作中的一项重要考核指标，特别是在组织内开展工作时。在介绍提案或服务范围时，你一定要说明保密原则。总体来说，为了遵守保密原则，我会特别说明任何交给出资方的相关信息都需要由团体成员自行完成，除了后勤安排方面的汇报，例如需要多少期、什么时间开始、持续多久、参与人数（但是没有名字）等。如果组织要求更加细致的汇报，我将会让参与者与我共同完成汇报内容。其实很简单，我通常是通过引导式的讨论来完成汇报，例如头脑风暴或白板法。

需要评估

一旦启动了项目，你就需要考虑进行需要评估。在企业内开展工作时，你可能无法对每个人进行客户需要评估。一个比较好的办法是，问问出资方可能期望实现的是什么。我的项目需要评估过程和范围是：

- 与每位参与者进行 30 分钟的一对一面谈，我会通过四五个标准问题去了解他们更多的信息，包括他们在组织中的角色以及他们希望通过团体教练项目获得的成果。这有助于我们在项目开始之前明确客户的预期，同时明确项目的议题和主题。
- 个人的一对一电话访谈，使用与上面相似的问题模板。
- 使用网上调查，例如调查猴子。
- 使用邮件调查。

推荐的资源

就对组织团体教练工作的支持而言，我依然能够从下述书籍中发现很多无价的资源。

提案准备方面：

《商业顾问：基础与进阶》，伊莱恩·巴赫、菲弗，1998 年。

《完美顾问：充分发挥你的专长》，彼得·布洛克、菲弗，1999 年。

价值沟通方面：

《快点！向我展示你的价值》，特蕾莎·思格雷夫斯，ASTD 出版社，2004 年。

市场营销方面：

《卖给大公司》，吉尔·康德拉，坎普兰商业，2005 年。

本章回顾

针对本章所涵盖的内容，你可以分 7 周进行分解和专门学习，并跟进每一部分具有针对性的问题。

总体来说：

· 目前你的市场营销优先级是什么？

· 针对市场营销你将进行的第 1 步是什么？

· 你首先需要实现的是什么？

· 你还需要哪些额外的资源？

· 你还有哪些其他问题？

第 9 章
项目准备——系统和后勤安排

过度准备是灵感的敌人。

——拿破仑·波拿巴

你还记得我们之前曾讨论过，事前准备与在当下共舞之间的动态张力吗？整个教练行业对事前准备和在当下进行教练依旧持有不同的观点，但我依旧确信，为项目做一些基本准备是很重要的。我会就此做一些分享，例如开发一个对你自己、你的事业以及客户有效的管理系统，还会介绍一些后勤安排方面的内容。在这里我还是要重点强调，不要因为过度准备而失去了获得灵感和直觉的空间，因为这两点对于团体教练都有着非常重要的作用。

本章关注的是管理系统，在这样的系统中，参与者为了完成高绩效的团体教练项目而发挥着他们的作用。本章也列出了后勤安排方面的检查清单和资源，例如支线服务、房间布置和白板要素等。

小技巧：工作准备

准备是教练最好的朋友。身为教练，你可能已经做了大量的准备工作，并且已完成了无数个小时的教练培训和个人教练会谈。但是请你牢记，核心教练技能是团体教练工作的基础。

大家经常会问我准备一个团体项目需要多长时间。在培训领域，有个标准的比例是 40：1，即每 1 个小时的培训，需要 40 个小时的开发准备，包括编制培训大纲、参与者手册、引导师指导书等。但是这个标准适用于团体教练项目吗？

通过前文我们已经了解，团体教练与工作坊之间最大的不同之处在于是谁来掌控议程，是参与者 / 客户还是引导师 / 教练？这一点对我的前期准备工作具有非常大的影响，不管是团体教练还是工作坊。

在传统培训中，议程或目标通常是由组织和参与者设计的（在参与式学习环境中），然后根据项目设定的 KSA（Knowledge，Skills，and Abilities）来达成目标并做出改进。培训准备可能会涉及目标设定、活动开发和评估框架开发、材料设计以及在整个过程中确保目标实现。

团体教练采用不同的策略并且是软聚焦的。在团体教练过程中，看起来是客户在保持内容、结构和空间之间的平衡，但是为了与教练行业保持一致，此处我们仍然认为是教练／引导师掌控议程（这里的客户是指团体中的每位成员）。

对于我来说，这一点意味着在团体教练活动开始前，我的准备工作主要聚焦在尽可能多地了解客户。对于周期比较长一点的项目，例如一个月到 90 天的项目，我会通过电话与每一位参与者进行沟通，从而更多地了解他们对项目的期待、他们希望达成的目标以及他们想获得哪些收获。这一点使我对客户的议题产生了一个灵感，即我们可以在项目的框架内与客户共舞。

大家经常会问：在团体教练中，什么是团体教练结构与客户议题之间的平衡？从个人经验来讲，我倾向于根据主题线来构建项目（例如工作和生活的平衡、事业的成功、领导力、组织议题）。我发现这样能够帮助团体获得更多的牵引力并且设定一个共同的目标，然后依旧保留足够的空间允许客户去往不同的方向。同时，每周会有一个不同的主题，这样我们在向前推进的同时还能灵活地满足客户议题的需要。我再次强调一下，这是一种对固定流程依赖度很低的聚焦。

团体教练引导师要始终在维持团体教练结构与满足客户当下和议题的需要之间保持精妙的平衡，并且与客户共舞。这就意味着要完全摆脱活动时间线的约束，为客户创造一个框架，允许他们带着自己的议题进行探索并向前推进。作为教练，你会发现每一期活动都有不同的呈现。

为什么是系统

系统是流畅的过程，它允许我们复制核心部分。系统还能够帮助我们将知识制度化。当你的工作扩张时，系统能够允许其他人负责组织活动。一旦你做好系统，就应该定期更新系统，可以按季度或按年更新。

作为一名团体教练，重点是你要关注两个系统：团体教练项目管理系统和通用的商务管理系统。

通用的商务管理系统可以帮助你有效地利用时间和资源，从而支持你的成长、产出和效率。团体教练项目管理系统能让你的项目开展得更加流畅，并且能够使你比较轻松地在任意时间运作多个项目。

总之，通用的商务管理系统可以在以下几个领域为你提供长期和短期的支持，具体包括：销售和市场营销；开发客户；开具发票；注册登记；电话服务——支线服务和远程套餐。

原则：保持简单

为了使团体教练项目保持简单，你可以将不同的模块做自动化和系统化处理。你可能需要的核心系统包括：

1. 一个简单的注册方法。

2. 一个未来项目的清单，能够保证你随时查阅（请将所有的都放在一起）。

3. 信用卡的处理设备／网上银行，这样你就不需要等待和检查信息是否已经发到邮箱里面了。

4. 可能用于团体项目的场地清单（包括联系方式、价格、要求）。

5. 你可以使用的支线服务选项。

6. 记录设备（如果需要的话）。

7. 完整的课程资料和模块，这样能够根据不同的项目进行修改、删减或组合。

8. 推广资料，这些在调整之后能用于新的项目发布（比如明信片、网页、博客、小册子和媒体工具）。

9. 能够追溯课程注册信息和支付信息的系统。

10. 一个能够快速将下一个项目信息传递给潜在客户的系统（电子简讯、能够发布电子信息的设施、邮寄清单）。

11. 项目／课程概述或项目／课程信息包。

12. 在线购物车。

当你开发团体教练项目时，你可以根据实际情况考虑包含几个系统。这些工具有一个最大的好处，就是一旦开发出来，你就可以在每次运营项目的时候重复使用，或者你可以在一个新的项目当中使用。

这些年的一些社会变化以及系统的转变包括：

- 交流方式的改变：客户在逐渐变得更加富有洞察力。电子邮件不再是与客户沟通的唯一方式，我发现还可以关注转介绍以及通过博客、电子杂志、明信片等来传播项目信息。

- 支付系统：客户们经常会选择各种各样的线上或线下支付方式，所以除了要有个像 PayPal 一样的线上支付系统之外，再有一个 Visa、AMEX 或 MasterCard 的信用卡电话服务是否会更有益呢？是否还有其他的在线购物车会对你有用呢？更有趣的是，有多少人会因为线上支付体验不佳而想选择线下支付呢？

- 录音电话对于参与者来说已经成为一个非常受欢迎的必备品，最好是有一个在线收听的选项，或者可以将电话录音下载成为音频文件。

问问自己：

1. 目前你已经拥有了什么能够真正支持你的团体教练项目工作的系统？
2. 能够使下一个项目完全不同的新系统会是什么样的？
3. 你会在这个清单上添加什么新系统？

构建坚实的基础：核心商务管理系统

不管你经营了 6 周还是 6 年，请从整体上反思你已经有的系统以及它是如何支持你的事业的，这样做是非常有帮助的。每项事业都需要必备的核心商务管理系统，其由以下 5 个部分组成：

销售和市场营销方面：

- 营销资料；

- 情况说明书；

- 网页；

- 博客或其他的社交媒介，例如推特、脸书、领英；

- 与客户保持连接的系统，例如电话、邮件、简讯、明信片；

- 人脉圈；

- 你自己的平台；

- 提案模板；

- 常见问题。

财务方面：

- 预算；

- 银行账户；

- 信用卡账户（AMEX、Visa、MasterCard 或其他）；

- 开票系统；

- 购物车；

- 加盟系统。

沟通方面（关系到你如何维持与客户的沟通）：

- 电话包；

- 免费移动电话；

- 互联网；

- 简讯；

- 博客。

团体教练项目系统：

- 注册（本章会涉及很多这方面的内容）；

- 场地；

- 保险；

- 支线服务；
- 项目和产品交付。

通用商务管理方面：

1．你最好的系统是什么系统？

2．你还想把什么系统放入你的清单？

3．在商务管理方面，一个什么样的新系统能够帮助你聚焦于成果并获得更多的成果？

注册登记系统

无缝对接的注册登记系统能够支持你在任意时间运行多个项目。

开发注册登记系统时需要考虑：

- 简单就好。参与者可以如何注册登记？当他们有问题的时候如何找到你？在手册中要清晰地注明网址、电话、邮箱等联系方式。
- 开发一个表格，用于跟进询价、付款、确认、会前电话沟通以及一对一会谈等。
- 提供支付方式——你提供哪些支付方式？包括 PayPal、购物车、个人 / 公司支票、现金吗？
- 截止日期。请你非常清晰地说明所有的截止日期，包括：
  - 场地的使用时间和用餐时间；
  - 任何项目折扣的截止时间。
- 取消的政策：
  - 你如何处理项目注册登记的取消？
  - 对于公众项目：
    * 人们能够申请注册将来的项目吗？
    * 如果变更的话是否需要支付管理费？
  - 对于企业项目：

　　＊针对线下和线上项目，你的取消政策是什么？

　　＊这一点在你的提案或合同中有多么清晰？

- 退款政策：你的退款政策是什么？

- 跟进：参与者注册登记之后，你一定要跟进。

注册登记工具包——基础版

在项目开始之前，你可以通过电子邮件将下述信息发给参与者，也可以将信息张贴在网站上，或者口头告知。

典型的工具包包括：

- 项目的详细描述（或者至少包括每周可能出现的主题）。

- 关于如何抵达会场或登录支线的详细介绍。

- 注册登记的报价包括哪些内容（例如餐费、材料费、教练服务费）。

- 参与者需要为这次活动做些什么准备？

- 期待——请详细描述项目是关于什么的；如果可能的话，你还可以起草一个日程安排。如果这个项目分多期交付，那么客户会期待获得什么样的回报？

- 准备工作：在项目开始前准备好所需要的所有指导材料，例如需要使用的读物、需要打印的材料、需要下载的音频等。

- 政策和流程，例如退款／取消政策。

- 常见问题。

后勤安排

很多教练会对运作团体教练项目时的后勤安排提出诸多问题，例如支线服务问题。这会涉及一些关于板书和 PPT 的小技巧。此外，你还会发现选择场地和支线服务方面的信息。在本章结束时，我还会为你提供一份运作项目时所需要的检查清单。

选择场地

不管是做工作坊、静修营还是团体教练项目，为其选择一个合适的场地是非常耗时且具有挑战性的任务，特别是对于那些不是很了解后勤安排的人来说。下述事项可以在你下一次选择场地时作为参考：

1. 场地对于参与者来说要容易到达，所以请你考虑参与者的下述需要：

· 有停车场吗？

· 停车是收费的还是免费的？

· 参与者可以选择哪些交通方式到达会场？

· 现场的设施是否方便所有能力级别的人进出？（例如如果需要的话，是否能够便于步行的人和坐轮椅的人进出？）

· 请粘贴一张地图或者一个地图链接，这样参与者就可以知道具体的位置，能够由他们自己决定出行方式。

2. 场地环境：

· 场地给人的感受如何？

· 是否与你想要营造的环境相匹配？

· 是否有足够的空间允许你做一些计划内的练习？

· 为了与项目主题匹配，房间布置需要做些什么改变？（还要考虑：你想做的改变是否可以实现，或者家具是不是已经固定好了？）

· 如果中间需要休息，那么是否有足够的空间？

· 如果参与者使用其他设施，那场地提供方对超出合同范围的部分有什么政策？

3. 房间预订费用：

· 保留这个场地的费用是多少？

- 押金可以退吗？他们的支付要求是什么？

- 他们的取消政策是什么？

- 如果在项目启动前参加的人数有变化，那么对价格会有什么影响？

4. 保险：很多设施提供方都会要求你购买足够的责任险，那这个设施提供方的要求是什么？你要购买哪些合适的保险？

5. 用餐：

- 参与者们有什么用餐要求？有过敏食物清单了吗？

- 这些设施能够满足你的需要吗？费用在预算范围之内吗？

- 他们提供的基本服务是什么？他们特殊的服务是什么？

- 休息或茶歇具体安排几次？

- 在什么时间和什么地点用餐？

- 场地内关于预定和提供午餐的政策是什么？

- 在午餐期间，你是否安排了充裕的时间让所有的参与者能够悠闲地吃完？

- 在项目开始前，如果参与人数发生了变化，你将怎么办？用餐的人数能够更改吗？截至哪一天？

- 很有趣的是，用餐会占用项目安排的很多时间。自助餐通常可能是最有时间保证的，所以请你不要轻易点菜，除非他们能够提前做好，并且保证上菜的时间。

6. 设备的租赁：场地提供方经常会提供一些设备，例如白板、记号笔等，这些服务有时收费有时免费，所以你要弄清楚什么是包含在场地租赁费之内的，什么是需要另外花钱租赁的。还要与场地提供方确认是否允许自带设备入场。

这些都是你在选择场地时需要考虑的非常具体的事务。当你选择下一次团体教练项目的场地时，你还有哪些其他的事务需要考虑呢？

房间的布置：线下

对于团体教练，有很多布置房间的方式。有时候你可以选择如何布置，但有时候你没有选择。请考虑一下，在项目进行过程中参与者如何能够收获最多，同时你如何能够非常舒服地完成你所设计的练习活动。此外，你还需要考虑团体规模的大小。这里有几种布置方案供你参考。

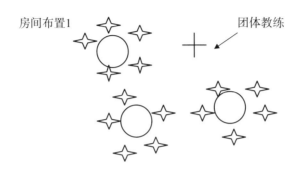

有利之处：	不利之处：	如何引导：
创造了一个彼此支持的学习环境。 参与者能够很舒服地坐着书写。 在大组环境中，各小组之间有很好的连接。 为小组的讨论和复盘建立了平台。	可能会限制参与者接触房间内的其他人，建议让参与者在整个过程中换桌子。 需要更多的空间。 需要确保所有的参与者能够看到白板和演讲者。	适当的时候安排小组内讨论。 设定检核点，让小组成员在团体内分享。 确保讨论的问题能够贴在白板上，让每一个人都能看见。

图 9.1　房间布置 1——小组布置（每桌 5 ~ 8 人）

房间布置 2（请注意椅子应该布置在 U 形桌的外侧，你可以想象引导者是在上部十字的位置）

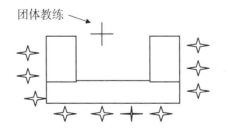

使用桌子和椅子（上图）或只用椅子（下图）

有利之处：	不利之处：	引导的类型：
使用可移动的椅子便于你快速重新布置空间。 促进了小组讨论。 确保了所有的参与者能够看到前面。	受限于空间的大小，可能分组讨论和分组协作会很困难。 对于参与者来说，不是每个人都能够看见所有的地方，所以要确保每一个人都能够看见和听到。	建立团体讨论和小组讨论混合的机制。 不要让每个人待在原来的位置上不动，让他们动起来！

用椅子摆成 U 形，还可以构成一个可以移动的空间，那么你就可以根据不同的练习重新进行布置。

图9.2　房间布置2——U 形布置（可以用椅子或者桌子摆出 U 形，这是推荐布置）

房间布置3——传统教室布置（请注意所有的方块都是座位）

有利之处：	不利之处：	引导技巧：
可以在有限的空间内举行大规模的全员会议。	对团体教练来说是极大的挑战。 让人们联想到"学校的日子"。 不能促进参与者之间的互动。 不能引导一种主动的学习方式。 当后面的人感觉看不见或听不到时，他们可能就会走神。	为每一位参与者提供一个教学手册，里面包含所有白板上的问题，并留有书写的空间。 尽量让客户参与进来，让他们与周围的人进行交流。 设计些问题让大家两人一组或三人一组进行讨论。

图9.3　房间布置3——传统教室布置

当你考虑房间布置方式的时候，请问问自己：

- 你期望有多少参与者参与项目？

- 在项目进行过程中你将会使用什么样的呈现方式？

- 房间的布置看起来是什么样子的？

- 对于房间布置你需要做些什么调整？

- 在项目进行过程中，根据你的练习或者活动安排，是否需要改变空间布置？

PPT 的精要

当你需要使用或者想要使用 PPT 时，可能会找到很多的例子作为参考，即使它们与团体教练并不相关。对于视觉型的学习者来说，PPT 确实具备很强的附加优势。如果你正在引导一个比较大的团体展示，PPT

也是一种重要的方法。

为了让你的 PPT 能够达到最佳效果，你需要牢记以下几点：

· 保持简单，请你不要试图在一张 PPT 上列出所有的信息；

· 每页只有 6 行；

· 确保图表是为了强化信息；

· 请不要使用过多的动画，如果使用了，要确保做好充分准备；

· 标题的字号在 40 ~ 44 号之间，正文的字号在 20 ~ 36 号之间，说明性文字在 24 ~ 32 号之间。

如果你发现 PPT 的页数太多了，那就问问自己：哪些可以放在引导部分？关于 PPT 的资源可以参见加尔·雷纳德（Garr Reynolds）的《PPT 热徒》（他除了写这本书，还为此书建了博客），他的网站是 www.presentationzen.com。

板书的精要

很多教练发现，板书是团体教练工作中必不可少的一部分。当你使用板书时，请记住这些精妙的小技巧：

· 在同一张板书上最多使用 3 种或 4 种不同的颜色；

· 红色和绿色可以做很棒的加强，但是要切记有些参与者可能是色盲；

· 将板书贴在房间的四周，要比压在同一块板子上好得多；

· 给板书编号以便记住书写顺序；

· 写完之后让参与者帮助你贴板书，将他们带动起来；

· 在每次活动结束之后，你可能想要带回一些板书，如基本规则。那么请你给这些板书做一个记录，确保大家知道是你把它们拿了出来；

· 避免所有的字母都使用大写，因为我们的双眼很难识别。

必要的首选服务供应方

每个教练都会有他们自己非常喜欢的服务供应方。下面就是实施任何项目我都必选的一些供应方：

1. www.TrainersWarehouse.com：他们有大量的培训物资，对于每一位做线下项目的教练来说，这是一个非常出色的供应方。

2. 便利贴：它是我每年物资清单中的必选项，在第7章中你可以看到使用它们的所有方法。

3. www.Vistaprint.com：他们能够提供一系列按需打印的产品。之前我曾经订过他们的T恤衫、名片、明信片以及贺卡。在演讲和工作坊之后，把这些留在现场是一个很值得的投资。

4. www.PlanetTeleclass.com：这是另一个非常棒的资源，可以让你将下一次电话课程传播出去。

5. www.FreeConferenceCalling.com：这是我最喜欢的支线和记录服务供应方。

6. Staple Inc.：他们能提供极其出色的打印服务。

7. 社交媒体和社交网络：它们是新的市场营销方法，例如脸书、推特和博客，是我持续接触客户的新方法。

8. www.PDF995.com：能够帮助你建立PDF文档。

9. www.SendOutCards.com：一旦有人偏爱手写的卡片，这个网页就提供了与他人建立关系和连接的机会。

10. www.MindJet.com：我不断看到思维导图给个人、团队以及企业带来的极大影响，它几乎能被运用于每一件事情，包括从项目设计到写文章，再到团队沟通的所有事情。MindJet就是一个非常精彩的思维导图工具。

支线服务设施

不管你是引导一个完整的线上项目，还是想在项目结尾的时候增加一个跟进团体的电话会议，请你牢记下述几点：

- 你将会邀请多少人参加这个项目？
- 他们从哪里接入？
- 你想让他们随时登录你的支线服务吗？
- 你想记录电话内容吗？
- 你有预算吗？
- 你是否需要其他的虚拟休息室？

同时请考虑第 6 章"强大的交付方式"中提出的问题。

线上电话项目的支线服务

下述供应商会针对普通公众提供支线服务。因为服务会因供应商的不同而不同，所以你一定要确保自己已经做过了充分的研究。

Maestro Conference（http://maestroconference.com/）：这个服务是在 2009 年启动的，它提供一系列针对引导小组休息的服务，即使是大型电话会议也可以使用。这是一项收费服务，同时也提供一些专项服务。

www.freeconference.com：这是免费的支线租赁服务，既有无须预定的免费服务（这项服务在人员已满的时候会遇到登录问题），也有一个免费的网络预订服务（上限 100 人）。通过使用网上预订服务，你可以分配到一个支线，并在特定的日期和时间段保留这个房间。

www.mrconference.com：它同样提供免费的支线租赁服务。很多的支线服务没有蜂鸣器提醒，这样你就无法知道参与者是否已经登录或下线了，但在这个网站，你可以开启或解除这个功能。

www.budgetconference.com：这是一家支线租赁公司，在很多大城市的市中心提供支线服务。用户需要支付一些费用。

www.freeaudioconference.com：我把这家公司作为支线服务的备选项，因为它可以提供一系列的可选服务，但是需要额外付费，包括 MP3 录音和下载功能。你可以分配到一个专属的支线，并可以设定登录密码。你可以在一周中使用 4 天，每天可以使用 24 小时。网站的基本支线租赁服务是免费的。

www.freeconferencecall.com：它提供免费的支线账号，以及免费的主持台和回放功能（直到你的录音结束）。账户有效期是 120 天，之后你可以选择免费更新。这个电话会议室可以容纳 96 人同时登陆，并且全天候提供服务，无须预定。

此外，大部分的电话公司也提供有偿的支线服务或电话会议服务。

团体教练项目需要考虑的内容

我们通过试验和错误进行学习。对于下述内容，你可以确认是否已经准备好了并且已包含在了项目当中。我已经将其中的一些内容列在了我的清单上，并且试验了许多年。

参与者资料：

当实施线下项目时：

1．要确保已经为所有的参与者准备了充分的资料，另外再加一份备用。

2．要为你自己准备一份手册和参与者资料。

3．要准备好自己的设计提示。

4．要准备好所有练习需要的资料。

线上项目：

对于线上项目，请考虑下述事项：

1．PDF 资料。

2．文件容量的大小。

3．如何打包资料？何时分发？如何分发？

4．是否有样表需要做成模板？

5．在将带有参与者邮箱地址的资料发给其他团体成员时，请先征求其许可：是否每一位参与者都同意在团体内分享他们的邮箱地址？

电脑以及 LCD 投影仪：

1．需要的电源线；

2．鼠标和指示器；

3．所有的密码；

4．电池；

5．USB 上的资料和 Flash 驱动软件。

项目杂物包：

1．胶布、白板纸、遮蔽纸带、蓝丁胶、各种尺寸的索引卡；

2．便利贴；

3．记号笔，包括写白板用的和参与者使用的；

4．水笔、铅笔、贴纸；

5．旧的杂志（如果需要的话，可以用于拼图）；

6．参与者的名贴或名牌；

7．给参与者的奖励；

8．控制时间用的钟或表；

9．提醒器或铃铛。

请与场地提供方核对确认哪些物资是他们可以提供的，他们可能收取哪些额外的费用。

需要考虑的问题

是否还有其他的东西需要添加在你的旅行培训包中？

团体教练项目检查清单

这里有个简短的检查清单，你可以在下一个项目中直接使用或者做些调整后使用：

团体教练项目检查清单

注册登记前：

· 注册登记表的开发；

· 注册登记表的线上发布；

· 电子版注册登记表的准备；

· 注册登记的截止日期发布；

· 设定的早鸟价格或其他优惠价格；

· 已决定的注册登记会议和客户会议。

市场营销：

· 确定市场的来源；

· 列出市场来源；

· 市场营销目标的完成日期；

· 第1轮沟通成果；

· 第2轮沟通成果；

· 编制营销资料（检核下述所有适用的项目）：

　－在线信息；

- 小册子；

- 传单；

- 电子杂志；

- 博客；

- 社交媒体上的发布；

- 其他。

项目资料：

- 开发项目资料；
- 开发项目大纲（用于市场营销或者给参与者看）；
- 开发参与者资料 / 手册 / 讲义；
- 将项目资料发给所有参与者。

支线服务（适用电话项目）：

- 支线预订；
- 将支线信息发给所有的参与者，包括课程开始日期；
- 录音的功能。

对于线下项目：

- 场地的确定；
- 用餐预订；
- 参与者的过敏食物清单；
- 购买保险；
- 取消政策；
- 支付政策；

· 会议室的布置；

· 拜访（如果适用的话）；

· 参与者资料的拷贝和打包（记得多带两份）；

· 白板；

· 记号笔；

· 参与者名牌；

· 需要的其他物资（请详列）。

其他注意事项：

本章回顾

· 对于你自己的团体教练项目，你想采用什么样的合适的系统？

· 对于你的事业，你想采用什么样的合适的系统？

· 对于下一个项目，你想做些什么准备？

· 现在你能够重点关注哪些后勤安排事务？

· 关于系统和后勤安排，你下一步准备做什么？

第 10 章

项目实施

本章将会重点介绍除第 6 章和第 9 章已介绍的项目实施小技巧之外的项目实施技巧。

营造一个积极正向的学习环境

你为团体项目所营造的环境，可以给团体成员的体验带来无法想象的影响。

请花些时间想一想：你自己最难忘的一段学习体验是什么？其中引导师都做了些什么？环境是什么样的？作为学习者，你的感受如何？你最深刻的体验是什么？

现在再花些时间想一想，你曾经经历过的最糟糕的或者可以堪称灾难性的一次学习体验，其中环境是如何发挥作用的？

你想为项目营造一个什么样的环境

一个成功的项目包括很多关键的基础部分。从学习者的角度来看，环境必须是可信任的、安全的和保密的。那你如何营造这样的环境呢？

实用性——房间和位置的确定

项目实施的实际场所将会给参与者的体验带来重大的影响。当你思考如何营造学习环境的时候，请考虑下面这些因素：

如果你是在室内开展项目，那么：

· 房间的布置是什么样子的？

· 房间的布置如何与你的项目目标以及你想营造的环境相匹配？

· 在项目进行过程中，当团体、小组或个人有需要时，桌子、椅子和其他家具能否移动？

· 有自然光吗？即便有一扇窗户也会带来不同。

· 房间的温度怎么样？温度是如何控制的？

· 房间的空间是否能够容纳全部的参与者？

· 是否有空间摆放一些关于你下一个项目的资料、书籍和信息？

· 如果你提供茶水或者其他饮料，那会放在什么位置？

如果你在室外开展项目，那么：

· 你如何使用周围的整体环境？也许你能在不同的区域组织开展练习活动。

· 万一天气不好，你的备选方案是什么？

· 哪里有阴凉？哪里有阳光？（我在实施项目的时候关注这个话题已经很
  多年了，我非常善于找到一个阴凉的地方！）

· 如何把控室内和室外工作之间的平衡？

· 是否需要建立一些特殊的沟通机制，以确保每个人都能够保持联系？

· 你是否已经校准过所有钟表的时间了？

如果你是通过电话来开展项目，那么：

· 你想营造的虚拟环境是什么样子的？

· 对于项目的开始部分，你将如何适当准备？

· 关于会前准备，你想为参与者提供什么样的指导？

· 关于静音、按时开始和按时结束，你已经提供了什么样的指导？

在展望你的下一个团体项目时，这些只是一小部分的思考问题。请你想象
一下，对于你的参与者来说这个环境是什么样子的？你希望营造的空间是什么
样子的？

除上面各项外，你可以做些额外的记录。

现场之声：
小技巧和金点子分享

在此我与大家分享一些其他教练的小技巧和金点子。

丽塔·维斯：

·相信团体教练的过程。

·认可并欣赏团体成员支持彼此的能力。

·放下作为教练必须回答所有问题的想法，并且允许团体成员和团体
  动力加速成果的达成。

·当团体跟你学习的时候，请允许自己向他们学习。

CPCC 琳达·蒙克：

请你相信参与者的智慧，做一个纯粹的教练。你不要试图掌控这个过
程，而是引导它、丰富它、激发它和拥抱它，同时看着奇迹的发生。

CPCC 海蒂·米歇尔：

只做你自己……团体教练也就是个人教练。铭记"保持精简"（Keep
It Simple Smarty，KISS）的格言和少即多原则。

MCC 金格尔·科克汉姆：

请你相信教练过程。

ACC 吉尔·麦克法迪恩：

请遵循你的利基。

ACC 莫琳·克拉克：

请你摘掉培训师的帽子，然后戴上教练的帽子，与你的团体在当下共舞。

马洛·尼基拉：

少即多。我们总是会觉得有很多的事情要讲，所以请你把内容分解成
为容易被吸收的小碎片。

CPCC、ORSCC 蒂娜·科尔伯特：

认真聆听，在每个人的每一种状态下都有很多的东西值得我们去学习，包括教练本人。

安·迪顿博士：

如果你认为这样做有意义的话，那就请你非常自然地保持公开透明并且积极参与练习，例如两两组对人不够时、出现复杂概念时、需要营造安全氛围时。

CPCC 维多利亚·费茨·米尔格雷姆：

请你尽可能多地设计一些方法，促进团体成员之间的互动和聆听，甚至可以在计划的会议之外进行连接。所有这些都是为了加强参与者之间的彼此信任和打开；这也会让电话会议更加生动和开放，因为人们感觉到安全时就会变得更加公开透明，然后能够摘下他们的面具。

MCC 玛丽·艾伦：

团体教练的实施让我向前迈进了一大步，使我超越了一对一教练。团体教练让我成为一名更加强大、更加犀利的教练，我觉得自己更像是一名教练专家，并且在市场上提高了自己的可见度。

CPCC 艾娃·葛瑞戈利：

如果你想引导一个团体教练项目，就不要试图重新设计开发。请你主动投资你自己，从已经成功的人那里接受培训和教育，同时创造属于自己的方法，然后再投入实践。

请不要等到你感觉完全准备好了再启动一个项目。我曾经和一名伙伴做过一个非常短的项目，并且我们非常喜爱这个项目。过去我一直说，我是多么热爱团体教练项目，想真正创造一个属于自己的团体教练项目。但是我没有做任何事情，直到我的搭档在几乎没有接到警告的情况下丢掉了一个三年的合同，而我成为唯一的赢家。这是曾经发生过的最美好的事情之一。

所以，干就行了。

棘手的事情

对任何教练来说，棘手的事情总是会发生。这一部分会涉及如何处理棘手的事情，例如处理难缠的参与者和处理冲突。本部分还会介绍项目实施过程中常见的挑战，这些参考了空中研究院的"2009 年团体高管教练调查"。我们还将会了解到一些其他团体教练的挑战和成长点。

处理棘手的参与者

在你实施项目的过程当中，你多久会遇到一名棘手的参与者呢？

棘手的参与者会以各种各样的形式出现，比如：

· 讲话像老板的人，他们喜欢接管团体教练进程；

· 冷嘲热讽的沉默者，他们双手交叉地坐在那里，整个过程一言不发；

· 企业的员工，在项目开始的时候他们会说：他们很不舒服并且这个项目毫无用处，简直就是在浪费时间；

· "无所不知的人"，他们知道每一个问题的答案，对教材的了解甚至比你这个教练或引导师都清楚。

对于很多团体教练的新手来说，处理棘手的参与者可能是一个难题。

这里有一些建议供你参考，也许可以避免你受棘手的参与者的侵扰：

1. 在项目开始前尽可能与参与者见面。对我来说，这是教练项目必不可少的一部分。如果是做一个工作坊或引导活动，我不一定总是会这样做。有些时候，参与者变得棘手是因为他们觉得自己的声音没有被听到，自己的需要没有被满足。一般在项目开始前，我会通过电话和参与者沟通10 ~ 15分钟，了解他们为什么参加这个项目、希望从中收获什么以及这个项目如何融入他们生活和工作的愿景之中。这个方法可能很耗时，但是它提供了一个与每位参与者进行连接的机会，以确保他们的需要获得真正的满足。这项前置准备工作对于定制的项目和见面前的预期讨论更有效。通过这些项目开始前的沟通，你也可以确定哪些客户可能不适合团体教练。

2．每次开始项目时，让团体成员共同创造出"工作方式"、"投入度词汇"和"基本规则"。如果是一个多期的项目，这项工作可以在第 1 期完成，这样的话你从一开始就让团体成员对他们自己的过程负责。这个过程可以让团体成员充分交流，同时也会为未来的几期活动奠定基础。当困难出现时，你可以让棘手的参与者回顾团体已经同意共同遵守的内容。

3．及时关注参与者的私人需要。这是你需要不断开发的外交技能之一，你的个性与风格，对你如何展示这个技能起着至关重要的作用。如果我注意到一些行为已经干扰了团体的进程，我会在第一次休息的时候与参与者进行一对一的沟通，反馈我所观察到的情况。有时他们意识不到自己的行为已经对团体造成了影响，但是这不影响你运用"觉察、允许、选择"，即通过反馈你所观察到的情况，让参与者能够选择如何调整他们的行为。如果一名参与者的行为对团体产生了相当严重的影响，那么就安排一次计划外的中断，转而关注这个主题。这是一个非常有效的办法。

4．让棘手的参与者参与其中。有些时候参与者渴望被关注，如果他们没有获得关注，就会试图掌控团体教练过程以获得更多的关注。几年之前，在一个为期两周的培训项目上，一名参与者持续挑战过程安排，这个过程安排是组织者自行设计的。当我安排她来掌管每天头脑风暴过程中的白板时，事态就发生了反转。令人出乎意料的是，这个团体中之前最苛刻的批评家已经变成了最积极的拥护者，这是一个真正的转折点。在你的项目中，棘手的参与者会帮助你掌管白板吗？他会发放资料吗？

5．把它交还给团体：我们如何能在这件事上真正利用好我们的时间？偶尔你会遇到一个极度爱冷嘲热讽的团体，并且他们觉得这个过程就是巨大的时间浪费，特别是当企业强制他们参加的时候。在不久之前我就遇到了这样的情形，当我问大家"我们如何能在这件事上真正利用好我们的时间"并得到相应的回答后，我们就有可能兼顾完成组织强制要求完成的任务和满足一些他们自己的需要。我并没有说这是一个简单的过程，但是每一个人都要全程待在这里。请你提醒参与者，团体教练是他们自己的事情。那他们想讨论些什么呢？这一刻对他们有意义且与他们相关的是什么呢？

6. 做一名好奇的教练：我在本书中曾一次又一次地指出，团体教练最大的不同是我们不需要再假设自己是一名专家，所以请你带着好奇心去分析你随时观察到的行为。

当冲突出现时

另一个重要的问题是：在你实施团体教练项目的时候，如果出现了冲突你应该如何处理呢？

正如我们在团体发展早期阶段所看到的，冲突是团体形成过程中很正常的一部分，我们一般称这个阶段为"风暴期"。当团体成员逐渐清晰地知道他们在团体中的作用时，冲突就会变得不可避免。

在下列情形下可能会出现冲突：

· 团体内缺乏对角色的清晰定义；
· 大家不清晰或不确定项目将去向哪里；
· 大家没有安全感；
· 大家心生恐惧；
· 团体成员的预期目标没有实现。

冲突可能是微小的，比如一名参与者退出或者一名参与者关掉了声音。冲突也可能是非常强烈的，比如在两名参与者之间出现了言语的冲突。并不是所有的冲突都是不健康的或者是消极的，事实上，创造力就源自创造性的冲突。

那么面对团体内的冲突，你需要做些什么呢？

一般来说，当在团体中出现冲突时，我会说出我所观察到的情况，表明冲突是健康团体中必然存在的一个信号。通常，承认冲突并将冲突正常化是团体健康发展的一部分，并且也足够使事态正常化。

如果冲突影响了团体的进程，我将在正常的休息时间或者在事情持续恶化导致"自然打断"时，与当事人私下进行沟通。在这次一对一的沟通讨论中，我将说明我所观察到的事实及其对团队的影响。我会使用一个强有力的问题，例如"在这个环境中你想创造什么？"，将产生成果的责任转移到当事人身上。你会发现我再一次运用了觉察带来选择的方法。

有两个因素对缓解冲突会大有帮助：一是在团体内建立信任关系；一是让客户为自己的成果承担责任。

项目实施的一般挑战

在十多年前，斯旺西（Swanson）和福克曼（Falkman）重新定义了引导师在培训时最容易出现的 11 个问题，这些在团体教练情景中也适用。我在表 10.1 详列了这 11 个问题以及在团体教练中的解决方案。

表 10.1　项目实施的一般挑战

问题	解决方案
恐惧	充分做好准备 做好精神上的准备或做个测试 清楚地知道恐惧代表了什么以及你所持有的限制性信念是什么 承认恐惧并进行自我对话
可信度	你可以通过事前的电话沟通分享你的背景和个人专长 专注团体成员的技能
个人经验	教练是与我们的体验以及我们如何感知这个世界相关的 强化环境，在这个环境中鼓励参与者勇敢地分享他们的个人经验 践行自我管理的技能，分享自己在相关议题 / 主题方面的个人经验
棘手的参与者	使用小组的形式 让棘手的参与者发挥作用，例如管理白板 如果他们的行为是持续的，那么与他们进行一对一的交流沟通
参与度	使用开放式问题 运用强有力的问题 将活动流程化，以此来挖掘团体中具备的资源，例如小组练习、结对练习、案例研究、角色扮演等

续表

问题	解决方案
时间太少	给活动排优先级，练习如何展示材料 使用手风琴设计方式 在开发内容时运用 80/20 原则 与另一名教练或引导师一起工作 确定什么是"必需的"，什么是"锦上添花"
指导调整	早点确定团体的需要，例如活动开场时就问大家："你想从今天的活动中收获什么？" 主动寻求反馈 在项目间歇期以及整个项目实施过程当中重新进行设计 与参与者共同设计，如果有需要就做出改变 聆听客户想要什么，同时不执着于你自己的成果 对于教练项目的主题 / 议题，你先准备好几个可能的练习然后再开始活动 请你注意团体会出现什么样的需要和优先排序
问题——问与答	请谨记，你是一名教练，你不需要成为一位专家 事先写出大家可能问的重点问题，并把它们制作成一份常见问题清单 把问题交还给团体，利用团体的知识解决问题 针对你没有给出答案的问题进行跟进
反馈	在整个项目过程中都主动寻求反馈 请不要把反馈放在最后一天，你可以参考本章后面的评估方法
媒介、资料和设施	如果有可能，请事前看看场地 与朋友 / 同事进行排练 做个备份以防万一，比如额外准备资料 测试所有的物资 参考团体教练检查表 请不要假设，要确保你已经与所需物资的负责人进行了核对，并对物资所处的位置进行了检查
开场和收尾技巧	为你的创意做个文件夹 当参与者进来的时候给予问候 回顾项目实施过程，针对参与者已有的收获做一个概述 营造好环境并设定基本准则 让参与者共同完成收尾活动 对参与者表示感谢 清晰说明跟进活动的安排

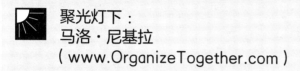

聚光灯下：
马洛·尼基拉
（www.OrganizeTogether.com）

我从新晋的团体教练那里看到的主要"成长点"是，对活动的实际成果要释然。下面就是马洛·尼基拉告诉我的一个巨大转变，也是他在今年早些时候运用引导方法时的经历。

我的团体教练项目在最近几周发生了真正的转变。之前我提供了一个会议记录表，这样在我讲的时候他们就可以填写。到第 3 次时，我感到很挫败并且意识到这是因为我没有对所有的资料了如指掌，我甚至还认为这些资料对他们非常重要，并且他们一定会从中受益。但是瞬间我就明白了，这件事最终变成了我自己的事情以及我认为他们需要什么。

因此，我采用了你的方法，在项目开始实施前提供所有的东西，并且让他们阅读和学习。然后我预约了一个电话会议来回答他们的问题，做一名真正的教练而不是老师。

在会议开始前，我还有些担心发给他们的信息是不是太多了，因此在会议结束后我征询了他们对新模式的意见。他们表示非常喜欢，他们喜欢在会议开始前获得信息，并且认为在电话会议中收获了更多。这个新模式不仅适合他们个人的特点，还深化了他们的理解。此外，他们还有了回去复习的材料。

我知道这些对你来说不是什么惊喜，因为你已经这么做了，但是对于我来说简直是奇迹。它起到的另外一个作用是加强了对他们在家研究的指导，因为我写给他们的信息已经成为指导的一部分。

**聚光灯下：
认证生活教练海蒂·米歇尔**

下面是海蒂·米歇尔讲述的发生在 2007 年的故事，发生在她第 1 次完成一系列的团体教练活动之后。

我的学习收获包括：对于哪些细节需要给予关注、哪些细节不需要，我有了更好的理解。我更加关注事情的解决方式并做好充分准备。对于想要完成的事情，你要在心中有一幅地图；但是对于具体的目的，你要释然。这个过程就像是一次观光旅行，在旅行途中你看到了美妙的风景，但是与此同时，你可能也会看见一只漂亮的鸟儿刚刚落地，看见湛蓝的天空，也许会有细雨霏霏……所以你需要用心去关注正在发生着的一切并且全部吸收进来，同时对出现的一切都保持开放和觉察。

你认为自己可能遇到的挑战是什么？请把它们写在这里吧：

我可能遇到的其他挑战包括：

为什么团体教练会失败

"空中高管团体教练调查"已经发现了一些团体教练失败的原因，其中确定的前 9 个原因是：

1. 部分客户没有被教练的意愿；
2. 建立的是不信任的关系；
3. 教练活动无效；
4. 教练独断；

5. 没有管理支持；

6. 个人承诺度低；

7. 状态消极；

8. 做了引导而非教练；

9. 时间管理糟糕。

缺乏教练经验和使用引导而非教练，是部分团体教练失败的两大因素。"这些观察告诉我们，由一位技术娴熟且经验丰富的教练来引导团体教练过程是多么的重要。"

如何避开团体教练中其他的坑

对于很多新入行的团体教练来说，最大的问题就是："我应该注意哪些坑？"除了我们已经探讨过的，下面是需要你额外注意的一些坑：

· 你所预订的房间布置得并没有你期待的好。

· 你准备的材料不能打印出来，因为打印机有故障或者墨用光了。

· 参与者在来现场的路上迷路了。

· 支线出现故障。

· 你得了咽喉炎。

所有这些问题，我们可以将其看成是错误，然而实际上这也是很好的学习机会。另一个好消息是，你可以通过使用系统减少它们发生的可能性。

房间布置及到场

对任何线下项目，你最好提前至少一个半小时到达现场，或者比最早到场的参与者再早一些，这就意味着你要比参与者早 1 到 1.5 个小时到达现场。

即使你已经有了极其清晰的布置方案，但是当你抵达现场后发现布置并没有如你所愿也是很正常的，你应该及时找到这项工作的负责人，然后与他们一起将房间调整布置好。

材料的制作

你永远要在手边准备一个备用的墨盒甚至是一台备用的打印机，并给自己留出充足的时间。无论是你自己准备资料还是让其他人打印，都要确保资料能够按时准备好。

会场指引

另外一个最佳实践是，要有清晰的会场指引，这样参与者就不会在来的路上迷失方向。如果你是在宾馆或其他的公共场所举办项目，那就准备好会场的统一资源定位器（Uniform Resource Locator, URL）。请一定确保这个 URL 的链接有效。

咽喉炎

失声可能随时发生，这一点对线下项目可能影响不大，但是对线上电话项目可能会有着巨大的影响。对于电话教练项目，你要考虑一个备选方案——可以是延迟或者提供录音。对于线下项目，你可能需要使用比之前更多的非语言技能。如果这是一个多期的团体项目，那么对参与者来说这是一个承担引导任务的好机会。请为团体多准备一些问题，给他们更多的时间在小组内讨论，然后将他们的发现反馈给整个团体。

支线故障

你要有一个备用的支线和备用的方案，一旦支线发生故障，立即告知参与者他们需要做些什么（例如你发邮件告知大家切换到另一个支线或者系统自动切换）。对于大的团体项目，你要做一个测试，因为优质的支线服务会为你和你的事业增色不少。

更多的棘手问题

其他的棘手问题可能还包括：

· 一些参与者会接管对话；

· 参与者不理解你所说的内容；

· 团体的能量水平很低；

· 有人挑战你；

· 出现信任危机；

· 有参与者离开。

你还遇到过什么其他的棘手问题？你是如何处理的？你还有什么问题？

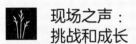

现场之声：
挑战和成长

下面是其他团体教练分享的挑战和成长故事。经常有人问他们：在团体教练中你曾经遇到过的挑战是什么？

MCC 玛丽·艾伦

挑战和成长：

1. 能够在所有人面前进行教练。要成为一名领导者，你不仅要站在一个人面前，而且要站在很多人面前。

2. 主要关注那些彼此互动的人。请你记住，要让那些安静的人和只是在线聆听的人参与进来。当然，你不支持他们会更加简单。

3. 市场营销应用方面：在你的通讯录中有多少联系人？

· 接受调查的教练中，有 93% 表示他们有 0 ～ 500 个联系人。

· 如果你没有营销对象，那就很难招满一个班的团体教练客户。

4. 保有率——让每一个人在全年都能够保持投入。在项目进展到

3～4个月的时候，保有率常常会出现一个很自然的下降阶段，这一点取决于团体本身。

CPCC 琳达·蒙克：

我的挑战和成长是在市场营销和邀请客户注册登记方面。有很多与我沟通过的人对参加团体教练感到犹豫不决（因为恐惧或不确定期待什么等），并且他们想用一对一教练取而代之。我发现这是一个小挑战，因为我的终极目标就是只提供团体教练项目。

CPCC 海蒂·米歇尔：

让大家都参与进来，并且找时机为每一个人服务！请确保每个人都受到激励，每个人的预期都获得满足。

ACC 吉尔·麦克法迪恩：

我的第一个挑战是制作项目所需要的时间，然后就是项目的市场营销。现在我已经非常喜欢写作，我会非常开心地在网页上发布通知，也非常喜欢策划网络研讨会。

为企业提供服务的教练们也给出了一些挑战。

MCC 金格尔·科克汉姆：

起初，我的挑战是让公司或组织理解并看重团体教练的有效性，甚至是能否通过线上环境实施教练项目。目前我所有的团体教练项目都是在线上完成的。

ACC 莫琳·克拉克：

· 管理时差；

· 使团体中的所有成员完全投入——你需要赢得那些犹豫不决的团体成员的信任并让他们参与其中；

· 有时候是科技手段方面的挑战；

・客户在时间上的投入——出资方能为团体教练项目分配的时间是否充裕。

丽塔·维斯：

在很多团体项目中，都会有 1～2 位自动抵触改变的人。起初，我会说服他们关注领导力发展和团队协作的价值。有时候这会有效，有时候反而会引起他们更加强烈的抵触。我发现一个比较有效的方法是允许他们站在自己的角度认可价值。通常当他们看到其他人拥有了新的想法和行为时，这种压力会让他们在态度和行为上发生转变。我还会使用团体的力量来影响抵触，避免使用强制手段。

评　估

对于任何团体项目而言，评估都是非常重要的一部分。那你是如何评估你的工作坊、静修营或者团体教练项目的呢？

在任何团体项目中，评估都起着至关重要的作用，并且能够提供下述信息：

1. 对于这个项目，参与者喜欢的是什么？

2. 参与者从这个项目中学到了什么？

3. 下次在实施这个项目之前，你需要做出什么改变？

4. 这个项目的价值或益处是什么？

为什么要评估

评估可以服务于多个目的，具体包括：

1. 针对你的方法、内容、主题和节奏的受欢迎程度以及它们满足团体成员需要的程度给予反馈；

2. 对课程的时长给予反馈；

3. 对项目带来的影响给予反馈；

4. 收集感言，这项工作对于市场营销非常有用。

反馈还将在下述方面为你提供有用的信息：

· 项目的整体进展。

· 对参与者的需要满足情况进行跟进。客户、组织和你分别需要采取什么特别的行动来跟进学习收获？要跟进在工作坊上制定的行动方案。

· 如果再做这个项目需要改变些什么。我的经验是，在项目一结束就记录下来，因为我们很容易忘记。

你想要评估什么

有几个方面你需要评估并获得反馈，具体包括：

· 资料适用性；

· 场地（房间大小和布置）；

· 设施的便利性；

· 项目成本；

· 活动期间的任务；

· 主题；

· 使用的科技手段，例如支线服务、白板、网络研讨会平台。

如果你对"评估之父"唐纳德·柯克帕特里克（Donald Kirkpatrick）的作品不熟悉的话，我建议你阅读他的《培训项目评估》一书，这是在学习发展领域具有开创性的作品。他的评估分4个层级：

1. 反应：参与者对项目的反应是什么？他们喜欢吗？

2. 学习：参与者从项目中学到了什么？要经常在项目实施前和项目实施后进行评估。

3．应用：通过这个培训，参与者在岗位上的行为发生了怎样的改变？

4．成果：参与者在岗位上的行为改变，带来了什么商业成果？

很多人也许对第5级的评估比较熟悉——投资利润率。这个话题本身就值得用一章的内容探讨。关于教练投资利润率的测量，你可以参考戴安娜·安德森（Dianna Anderson）和美林·安德森（Merrill Anderson）的著作《教练才是重要的》。杰克·J．菲利普斯（Jack J. Phillips）和帕蒂·菲利普斯（Patti Phillips）也出版过几本关于在培训绩效领域如何测量投资利润率的书籍。

表 10.2　评估的四个层级

层级	什么	如何
层级 1——反应 客户喜欢项目的什么？	测量客户对项目的态度，包括对项目各个方面感受到的价值和整体满意度。这可能与实际的学习收获和应用有较低的相关性	运用调查问卷、满意度调查表、系列调查等获得及时的反馈，主要是关于：材料的实用性；信息的及时性；讲义/材料的质量；场地的舒适性；团体的情绪；团体教练/引导师的表现；参与者的行为
层级 2——学习 客户从项目中学到了什么？	测量从项目中获得的技能和知识	在项目当中，你可以使用下列方法测量参与者获得的技能和知识：测试参与者已经通过演示、角色扮演、案例研究、模拟、游戏和试验学到了什么；自我评价——参与者是否清楚地知道他们已经学到了什么；引导师评估；采访参与者
层级 3——应用 客户如何运用在项目当中的学习收获和洞察？	测量客户在工作或现实生活中对技能和知识的应用	在项目结束 6 周或 3 个月之后，设法获得一份自评报告（可以的话，也可包括主管对参与者的评估），具体可以使用以下方法：问卷调查——电子邮件或线上调查；跟进团体电话会议；专门观察团体；一对一电话沟通 注意：这一点很可能将延长你的项目时间，所以请根据实际情况调整定价和收费

续表

层级	什么	如何
层级4——成果 从项目中获得了 什么商业成果?	评估学习收获对组织成果的影响, 例如：减少了成本；减少了重复工作；更灵活地安排人员；项目获得了批准；增加了营业额 在个人层面, 客户也能测量他们的成果 如果这是一个工作和生活平衡的项目, 评估指标可能包括：减少了旷工；减少了在健康保护方面的成本支出 如果是关于时间管理的, 指标可能包括生产力等	请与组织机构合作, 开发一个广泛适用的评估框架和流程

如何评估

作为设计的一部分, 你需要决定评估什么。你可能想在评估中包含定性（词汇）和定量（数字）的反馈, 通过在整个项目过程中跟踪你的评估结果, 你能够更好地知道什么对于大部分的客户是有效的, 哪里可能需要再去精雕细琢。你要意识到, 当为比较广泛的客户服务时, 不是所有客户的需要都能获得充分满足, 请你通过使用建设性的反馈, 针对你的项目做出有价值的改变。

如何实施评估

线下：如果是一个线下项目, 你要确保在项目当中专门留出了时间让大家完成调查。经验告诉我们, 繁忙的参与者常常不会留下来填写调查表, 所以只要有可能, 就在余温尚存的时候完成反馈调查。

电话项目：对于电话项目, 可在最后一次会议前通过邮件发出评估问卷, 你可以选择使用 Word 做一个评估表或者使用网页版的调查问卷, 比如调查猴子。

最简单的方法

不管我是实施一个成熟的团体教练项目还是只是完成一个 1 小时的演讲，我至少都会问参与者下面的三个问题：

1．哪些非常有效？

2．你收获了什么？

3．下一次我们需要做些什么不同的事情？

这样就快速地收集了第 1 层级的信息。你可以迅速记录下来，如果需要也可以进行跟进。

最佳实践

活动后的跟进

正如我们在第 2 章中所了解的：团体教练的一个绝对优势就是帮助参与者将他们在项目中的洞察连接起来，然后将在项目中获得的收获和承诺转化到现实的生活和工作之中。

无论是在线上还是在线下，团体教练项目的一个最佳实践是安排一次跟进电话会议，检核成员们的担当，看看在最后一期活动之后大家的"计划是如何落地的"。你可以选择在 2 周、4 周甚至 6 周之后安排这次电话会议，了解他们是如何整合学习收获的，这个能够帮助你开始关注第 3 层级的评估。

如果你选择了提供跟进电话会议，那么要确保在项目描述和报价中包含这一部分。

本章回顾

· 在营造积极的学习环境方面，你想采取的关键步骤是什么？

· 哪些金点子和小技巧是你想用到自己的工作当中的？

· 作为团体教练，你最大的挑战或成长是什么？你将会利用自己的哪些技能和身边的哪些资源助力自己成长？

· 你的评估过程看起来是什么样子的？

后 记
团体教练的发展趋势

　　我认为我们目前只是触碰到了团体教练的皮毛而已，通过参与团体教练项目，每个人都可以收获良多，例如可以保持真实和开放、分享、聆听，可以拓展他们作为领导者的边界、担当的边界和实现目标的边界。随着行业的逐步发展，我看到团体教练正在影响着数以百万的人。

——CPCC、MCC 玛丽·艾伦

如果不问出"下一步是什么？"这个强有力的问题，这本书就还不能算完成。我希望你能从"这个行业的下一步是什么"的角度来思考这个问题，同时也从一名团体教练的角度来思考你的下一步是什么。

我深信团体教练将会持续增长。苹果公司的前首席创意官盖伊·卡瓦萨其（Guy Kawasaki）曾说过，创意的产生是跳跃式的。正如玛丽·艾伦所说，当下我们只是触碰到了团体教练的皮毛而已。

为了完成这本书，我采访了很多位教练，问关于团体教练未来的趋势他们想到了什么。丽塔·维斯注意到，要求到现场开展工作的客户正在逐渐增多。玛丽·艾伦将要涉足的下一个领域是将视频与团体教练相结合。

MCC 金格尔·科克汉姆想到了很多的发展趋势。首先，他看到跨文化团体正在帮助我们所有人了解和欣赏彼此的文化。

他告诉我，托马斯·莱奥纳德（Thomas Leonard）在几年前曾经说过一句话："教练将会遍及全世界，并且会永远改变人们互动和交流的方式。"当团体教练成为公司、组织和人类世界内在的一部分时，托马斯·莱奥纳德的愿景就成真了。

下一站去哪

我确信我们已经走过了团体教练的早期适应阶段，在这一阶段客户是在了解团体教练。回首 2006 年，当时教练刚刚被大家所接受，我就已经开始在全球范围内培训团体教练。看看目前我们已经取得的进展，结果是如此令人震惊——现在全世界的教练都已经将团体教练作为他们工作的一个新模式。同样，在组织发展、人力资源、培训等相关领域的专业人士也非常想知道，他们如何才能够获得更多的教练方法来支持自己的团体工作。我坚信教练们会持续参加这一领域的培训，包括基础的和高水平的培训。

如何运用科技手段支持和提升团体教练的效果的问题正日益凸显且即将得

以解决。就在今年，一些新的变化已经出现在了大师级教练会议上，有一项创新的服务是在大型的电话会议上允许在"虚拟的房间"内有个间断休息，这样的改变促进了团体教练在后勤安排方面的发展。

关于团体教练，这是我出版的第一本书，并且我相信以后会有很多这样的书出版。这项工作会持续在全球传播，教练和其他专业人士也将会不断获得更多的信息来支持他们的团体教练工作。

所以：

· 你的下一步是什么？
· 在这项工作上，你向前迈出的最大的和最勇敢的一步是什么？

附　录
团体教练的练习活动

当你设计用于团体教练项目的练习和活动时，你就进入了自己的创意世界。

练习是团体教练活动的基石，也是工作坊和静修营的基石。练习能够为客户提供一个开展下述活动的框架：

· 探讨主要的主题和话题；

· 拓展或深化他们的学习收获；

· 反思他们的经验、知识和感受；

· 连接他们已经知道的内容；

· 行动落地！练习也会为参与者提供反思空间，将学习收获与真实的生活和工作连接起来。

练习可以在设定项目基调、赋能团体和项目结尾环节起到非常重要的作用。

本附录提供了关于团体教练练习的许多信息，包括如何运用练习以及可能遇到哪些问题。在附录中我也特别强调了其他教练在现场非常喜欢使用的练习，还提供了一个供大家参考的资源清单。当你想要创建一个关于练习和资源的"锦囊"时，你可以参考这个清单。

在我们开始时，请你思考一下在你的方案中可以使用的练习有哪些。如果你是一名教练，那么目前你让客户做的练习中有哪些可以转变成在团体教练中使用的练习？

请针对你已经列入教练工具包的练习列出一个清单。

当你进行思考的时候，我猜你至少可以列出 15 项练习，这些在调整之后都可以在团体教练中运用。

练习是所有项目的支柱

练习确实构成了所有团体和团队教练项目的支柱。

当你选择下一个练习时，请思考下述问题：

1. 你目前的工作围绕的主题是什么？（例如，平衡、领导力、改变、职业生涯、时间管理。）

2. 这个团体发展到了什么阶段？（请参考第 3 章的团体发展进程。）

3. 在这个阶段团体需要什么？（亲密、庆祝、赋能、检核点。）

4. 练习结束时，你想得到什么样的信息或收获？

5. 团体将按照什么节奏开展工作？

6. 这个练习将如何支持不同学习风格的人？

7. 就主题和学习风格而言，这个练习如何与其他的练习相互补充？

8. 与这个练习相关的风险是什么？

9. 在什么时候将这个练习拿出来最合适？是破冰阶段还是收尾阶段等？

10. 这个练习还需要补充些什么内容？

11. 为了使这个练习能够对团体的学习收获产生最有利的影响，什么样的问题应该跟在后面作为练习的一部分？

请你为每一个练习写下 3 ~ 5 个跟进问题。

挑战：如果你正在准备一个新的项目，这些问题能够让你在选择练习方面达到一个新高度。

如果你没有新的项目，但是你正想着为自己的新项目建立基础，那就请你选个主题，比如领导力、职业生涯转变、工作和生活平衡，然后花上 30 ~ 60 分钟收集和研究你想运用的练习吧。

个人教练工具在团体教练情境下的应用

作为一名教练，你可以将很多在一对一教练过程中使用的工具运用到团体教练当中，具体如下：

教练工具	运用和描述
生活平衡轮	这个练习能够让参与者评估他们在生活和工作中的不同领域处于什么位置，它为人们在某个特定时刻的具体位置提供了一个快照。
	如何在团体中使用： 通常是作为一个准备阶段的基础练习或是在第一期中使用。对于周期长的项目，这个练习可以在整个过程中重复使用，这样就能够让参与者看到他们经历了什么样的改变和成长，他们已经向前走了多远。 在平衡轮上，空白部分也可以留给参与者自行填写。
	变化： 这个工具可以用于许多具有不同特征的团体，对于不同的团体客户，也可以考虑针对每部分的名称做出下述调整： ·管理者——用管理或领导胜任力来替换； ·企业主——用核心业务能力来替换； ·职业生涯发展——用与他们职业相关的或与找工作相关的核心技能来替换（比如简历或面试等）。
隐喻	隐喻也可以在团体教练项目中使用，特别是与主题相关时。在《韦氏大辞典》中，隐喻的定义是："言语中的一个画面，其中代表目标或概念的词或短语可以替代另外一个词语，以表明两者之间的相似或类似。"（比如"掉在钱堆里"。）
	例子： 隐喻可以被运用在所有工作当中。其实运用起来也非常简单，你可以通过问团体成员"这个在团体中像是什么"的问题，来让大家获得一个隐喻。 运用隐喻的简单方式之一就是聆听他们。比如，一群参加团体教练项目的企业家正在讨论成为一个新的企业家应该是什么样子。这是一个常见的关于唤醒使命的主题，"像爆竹一样"就出现在他们的答案里，所以有一段时间，他们用"火花"标榜自己。 另一个办法是将问题与隐喻联系起来，例如："如果你成为这条船的船长，那会是什么样子？" 我最喜欢的一个练习叫作个人标识，这个练习常常会帮助参与者挖掘出一些意义深远的隐喻。我们将在后面讨论这个练习。
价值观澄清	身为教练，我们的一项核心工作就是关于价值观的。不管是对个人还是对组织，价值观都具有非常强大的力量。你可以根据你的风格以及客户需要和偏好的不同而采用不同的工作方法。

教练工具	运用和描述
价值观澄清	如何应用： 我有很多关于价值观练习的方法，在下面的练习描述中我列举了3项： ·为参与者提供一份价值观清单，帮助他们定义自己的价值观（可以在某期活动当中或者两期活动之间实施）； ·当有志愿者愿意走到台前时，可以使用激光教练； ·可以让参与者组队或分组讨论他们的洞察。 价值观练习可以作为一整个模块或一期活动的主题使用，也可以作为其中的一个部分使用。
期待的工作	期待的工作是很多教练模型中的核心方法，例如共创模型中的平衡教练，目的是让大家意识到选择在我们工作和生活当中的力量，这是团体教练中强有力的一部分。 你可以问参与者："你当前持有的期待是什么？"或者问："你对这个议题所持有的期待是什么？" 当他们探索完一个期待之后，让他们在这个议题上再选择另一个期待。 然后让客户思考：在期待、选择和议题之间有什么样的联系？
视觉化	视觉化可以用于线上和线下团体教练项目。 对于组织内的团体，你可以邀请经理们想象他们想要的工作是什么样子的。对职业生涯转换的团体、新的企业家以及关于生活和工作平衡的项目，视觉化都是非常有效的一个工具。 案例： 企业家客户：几年之前我作为教练参加了一个为期9个月的项目，负责项目前两周的开发和交付，这是政府资助女性企业家的一个项目。 作为教练，我的工作是让企业家聚焦于企业的实用性，同时揭示她们作为企业家的独特之处，需要支持她们创建一个美好的事业愿景以及弄清楚她们作为企业家想要创造的东西。 尽管当时将视觉化工具运用到这样一群企业家身上让我很犹豫，但是我认为应该去尝试，更何况女性都非常喜欢视觉化。我从这个过程中学习到的几个要点是： 1. 作为引导师，当我们说出"那个永远不会有效"时就为自己设定了限制。"那你在哪里限制着你自己呢？" 2. 每个团体都有不同的学习风格，所以不是所有的学习者都偏好视觉化练习工具。然而对于大多数人来说，这确实是一个非常有效的工具。 关于如何运用指导冥想，你可以在 CPCC 琳达·蒙克的建议中获得更多的信息。 关键信息：当你想引入不同风格的练习时，就会被这个偏见所限制。作为一名引导师，你持有什么偏见呢？

续表

教练工具	运用和描述
未来的自己 / 更高的存在	将未来的自己 / 更高的存在练习和视觉化引入练习活动、提问、请求等。
强有力的问题	强有力的问题是很多团体工作的基础，在一个课程开始之前，你需要特别针对这个主题编制一个强有力的问题清单，或者在整个过程中运用你的直觉。你可以从第 7 章的相应内容中获得更多的信息。
两期活动之间的作业或任务	显而易见，两期活动之间的任务或作业能够强化参与者的学习效果，所以你可以在活动之间布置一些任务，任务包括：调研；挑战；日志；做一项关于个人的作业，例如完成愿景拼图、完成一次自评估或做一份价值观清单。
调研	调研是一个很大的话题，你可以让客户在两期活动之间思考和完成。典型的调研通常是一个需要深入思考的问题，并且可能会有多项输出内容。 在团体教练过程当中也可能会出现来自团体或个人的特别议题。 调研的话题可能是：成功看起来是什么样子的？卓越意味着什么？平衡看起来是什么样子的？放弃意味着什么？作为一名领导者意味着什么？我的挑战是什么？
挑战	挑战是一个设计好的请求，目的是让客户超越他们自己可能认为的限制。挑战要比请求强大得多，因为它可以让客户有所突破，最终的结果是，客户从他们原来的位置不断向外伸展，甚至可能承担比要求他们做得更多的任务。 同样，对一个团体和团体中的个人来说，挑战可能是非常特别的，这取决于在项目实施过程当中出现的主题。 在你宣布挑战的时候，请记住，对一个人是挑战的问题，不一定对所有人都是挑战。 案例： 最近我正在与一群教练开发他们自己的教练项目，主题是"市场营销"，对很多人来说这都是一个卡点。作为某期团体教练之后的任务，我让这些教练在下周完成 5 项跟营销相关的行动。 非常有趣的是，我们会看到不同成员有不同的反应，有的人说"好的"，因为他们发现这在他们能力范围之内，但是有的人说"不可能"，因为他们真的认为这是一个挑战。 面对挑战，我也允许客户选择说是或不是，也允许他们讨价还价。 事实上，在这个团体里有 5 个教练，其中有 2 个教练选择完全接受挑战，有 1 个把任务增加到了 10 项，另外 2 个减少到了 3 项。
其他工具	
思维导图	如第 5 章所述，思维导图是开展团体项目策划和设计的有力工具，例如对处理客户的卡点、支持客户探索其他的选项、头脑风暴、目标设定以及策划等，思维导图都是一个强有力的工具。

教练工具	运用和描述
思维导图	案例: 在我为企业家做的一个团体教练项目当中,几个人在登记注册阶段提出了一个议题,说他们被"需要完成什么任务"给卡住了。 当时我们是在电话会议中,我让团体成员用三分钟时间,使用思维导图罗列出他们头脑中的所有事情。 三分钟之后我问他们:那个问题像什么? 现在你们的感觉如何? 现在对于你们来说出现了什么议题? 他们给予的反馈包括: · 自由了。 · 感觉更加聚焦了。 · 看到所有的事情都落在纸上的感觉很棒,这个看起来更加可管理了。 · 我意识到大部分的问题是源自我的无序,所以我需要花时间让它变得有序。关于一些事情我已经说了两期,但是仍然没有完成,现在我承诺去清理我的办公室。
索引卡	索引卡也是策划和设计团体项目的强有力工具,可以为客户探索议题、策划和推动项目提供一个框架。 对于如何运用索引卡,请你参考第 5 章中的指导。与这个指导相似的地方是,你需要让参与者对一个主题进行想象,且每一个信息或每一个想法仅使用一张卡片。
SWOT 分析	SWOT 分析通常被应用在组织环境中,用于探索个人发展以及探索个人、组织和团体的转变。 使用的时间: · 团体面临职业方向转变时; · 新的企业家想更好地理解他们所处的商业环境时; · 因某一原因成立了新的团体时; · 组建组织委员会时。 指导:在本章的后面你可以看到关于 SWOT 练习案例的具体指导。
日志	日志可以在团体教练过程当中使用,也可以在两期活动之间使用。你可以为参与者提供一个日志模板,也可以完全让他们自由发挥。在线下的团体教练项目当中,我经常让参与者将他们自己的日志带走。关于如何将日志与项目相融合,你可以在后面看到更多的信息。
个人标识	在后面的内容中针对这个练习有具体描述,不管是线下项目还是线上项目,这个练习都是我最喜欢的。我经常将这个练习应用于个人,成员之间彼此熟悉的团体和团队,甚至是彼此没有任何连接的团体。在项目开始的时候,个人标识也是一个非常好的练习。

教练工具	运用和描述
引导行走	将自然环境引入团体教练项目当中是一个非常好的选择。如果场地允许，我经常会安排客户进行引导行走，有时是安静行走，有时是带着日志，有时是在头脑中思考一个问题。这是一个非常好的能够让人们更好地投入，或者更加平静的机会。 请思考一下：你如何将自然环境融入你的项目？
收尾	收尾是团体教练项目中至关重要的一个部分，也因此被格外看重。 你如何能够让收尾很特别并且包含庆祝？ 这个附录为你准备了一些可以在项目中使用的收尾活动。

聚光灯下：
指导冥想和团体教练——CPCC 琳达·蒙克
（www. creativewellnessworks.com）

指导冥想是一个将你的内在智慧和最佳存在状态整合在一起的快速方法，同时也是非常简单和非常有效的方法，其中强有力的视觉化、渐进式的放松以及反思技巧，能够帮助你感受到逐渐增强的平静、平和、平衡以及深刻的反思。

如果你在团体教练项目当中运用指导冥想，你需要考虑：

1. 知道为什么使用它们。你应该根据目的和意义选择不同的指导冥想，同时还要知道你为什么要选择这个冥想。你想让它在团体教练项目中达到什么目的？你想提供什么益处？

2. 如何介绍冥想？简要解释它们是什么以及你为什么建议大家使用它们。

3. 就像你将所有的工具和练习引入团体教练项目时一样，你要让参与者知道他们有选择权，即参与者最终有权选择是否体验指导冥想，是他自己掌控一切。

4. 只介绍那些你非常熟悉的，事实上也是你已经体验过的指导冥想。你安排大家在团体教练中进行体验，这是真诚地展现其价值的最好办法，也是介绍整体体验的最好办法。这样可以简要说明客户能够获得什么期待，同时也可以意识到：虽然经历了完全一致的冥想，但是每个人都会有自己独特的体验。

如何运用指导冥想：

1. 首先要让参与者/客户能够获得指导冥想。你要让大家购买你将要使用的指导冥想（在网站 www. creativewellnessworks.com 上就有六个），或者为你的项目或团体定制一个指导冥想。

2. 在团体教练会议之前，让参与者聆听冥想。你也可以将它设定为两期教练活动之间的周任务，或将指导冥想的使用方法在团体教练进行前发给大家。

3. 建议客户在一个安静的地方聆听冥想，干扰要尽可能的少。先舒适地坐下，微闭双眼，然后享受冥想。当聆听冥想时，最重要的一点是不可以同时进行多个任务，例如边开摩托车边冥想。

4. 要让参与者知道，体验一段指导冥想没有方法上的对与错。你可以对大家说一些话，比如："你的身体和意识将会从冥想中获得你当下最需要的，有些人会翻来覆去，有些人会昏昏欲睡，有些人能看见一些画面，有些人的头脑会更清晰。这其中最重要的就是保持开放并且相信这个过程。除了简单的聆听冥想以及允许自己的意识和身体放松之外，其他的什么也不需要做。"

我运用指导冥想的案例：

在开启电话会议一周之前，我会将一个时长 9 分 47 秒的指导冥想发给"激发自我管理"的团体教练项目客户，要求他们聆听这段冥想，然后完成一段对白写作练习（时长 10 分钟），其中包括写一段与自己的智慧导师之间的对话。之后我们在团体教练电话会议中会分享对白写作，接着做一个团体讨论，旨在深化学习收获并推进客户的行动。我会向团体提出下面这些反思问题：你们从这个练习当中学到了什么？你们在坚持什么？基于这个反思练习的收获，你们愿意采取什么新的行动？

作为一名团体教练，通过运用指导冥想，你能够为团体教练项目带来很多的乐趣和巨大的创造力。在生活和教练工作当中，冥想也是一个有益于个人成长、个人转变和身心健康的强大工具。请你享受冥想带来的体验吧。

资料来源：CPCC 琳达·蒙克（www. creativewellnessworks.com）。

练习中的最佳实践

当将练习引入团体教练项目当中时，请你考虑以下内容：

· 确保你的练习与活动的整体目的相关联。

· 在练习中持续运用核心教练能力，你可以在每次练习中运用的能力有：强有力发问；挑战和请求；好奇心；以客户的议题为中心。

· 请牢记，团体教练的一个最大裨益是挖掘集体智慧。为了让此得以发生，你需要创造一个空间让大家能够彼此对话。另外，非常重要的一点是，你要留有充裕的时间让客户针对练习进行讨论和总结。我在职业生涯早期学到的一个首要原则是，练习和总结的时间比例是 2：1 或 1：1，即如果练习是 15 分钟，那么你要确保预留至少 7 分钟给客户进行讨论和反思（按照 2：1 的比例）。

· 创造一个多样性的项目。身为教练，你一定会对练习持有自己的偏见，所以请你保持开放，并灵活运用个人练习、团体练习和小组练习（3 人或 2 人练习）。

· 在项目结尾时充裕的时间进行收尾和庆祝。

总结的力量

练习是所有团体引导项目的支柱，那么通过运用它们，你是否获得了最大的好处呢？

我的团体工作方式源自体验式教育，这一领域的基础是互动练习。我也试图将体验式教育领域的工具引入当前的工作之中。

在体验式教育当中，练习之后的总结与练习本身同等重要。在总结阶段会通过创造一个框架，让参与者来明确和落实他们的学习收获。通常练习和总结之间的时间安排比例是 1∶1 或 2∶1，在此阶段你可以为参与者提供空间，针对刚刚完成的练习活动进行反思和总结。这是一个很好的礼物。

我们在第 3 章中已经看到，典型的总结分为三个部分，即：发生了什么？然后呢？现在怎么样？

在总结的时候你可以选择一些问题让大家进行讨论，比如：

发生了什么？	然后呢？	现在怎么样？
这个练习怎么样？ 你观察或注意到了什么？ 关于这个活动，你认为最大的挑战是什么？ 最容易的是什么？	你学到了什么？ 你有什么新的洞察？ 这个为什么如此重要？	现在你了解了你所知道的内容，那你如何在未来的工作和生活中运用呢？ 现在你的下一步是什么呢？ 当下你需要做的是什么呢？ 现在你需要学习些什么呢？

请考虑以下内容：

在你的项目当中，你如何创造空间让参与者清楚地知道他们从活动中获得的收获和新的洞察？

你如何创造一个框架让它得以发生呢？

评估

对于团体教练们来说，评估是一个很棒的工具，对于个人教练也同样如此。

练习和评估的指导

首先我们要尊重版权和授权，当你购买了一本书后，你要查看里面的一些练习案例是否是许可使用的（例如每年最多使用 100 次）。所以请你认真检查每一本书的授权许可。如果需要进一步确认，请你联系出版商或作者。

关于评估，请你先倾听客户需要的是什么，因为很多的评估源自自己的偏好。你应该投资哪一种评估方法呢？哪些对你正在开展的工作会有所帮助呢？

一些比较流行的评估方法包括：MAPP；DISC 个性测试；优势发现器（StrenthsFinder）；领导力盘点（Leadership Practices Inventory）；领导力环（Leadership Circle）；团体诊断（Team Diagnostic TM Assessment，确定团体系统的优势）。你可以选择在项目开始前将评估作为一项准备工作布置给参与者，或者将评估作为两期活动之间的重要任务。你要确保已经为客户留出了充足的时间消化评估结果，并且能够及时回答他们提出的任何问题。

练习的主要部分

至少有四项典型的练习可以加入你的常用事物清单和锦囊当中：

1. 暖场和破冰练习。

2. 在活动当中可以使用的与项目主题相关的练习。

3. 两期活动之间的练习。

4. 收尾练习。

暖场和破冰练习

在项目伊始，为参与者营造一个安全的空间，创造一个印象深刻的开场是极其重要的。研究显示，人们通常倾向于记住活动或过程的开始和结尾，这就意味着选择合适的暖场和收尾活动显得尤为重要。

暖场练习：让大家彼此认识；为项目确定基调；消除客户可能有的任何顾虑；介绍项目的整体概况以及未来的走向。

在新一期活动开始时或者改变主题时，暖场都是必需的。

小练习：请你针对最近方案中使用过的暖场练习列出一个清单。

在活动当中可以使用的与项目主题相关的练习

正如前面提到的，你要确保引入教练活动的练习真实地反映了客户的期望和需要。所以你可以将了解客户想要探索的主题和领域作为项目或教练活动的开始。

此外，许多个人教练当中的核心练习，只需稍加改变就可以被运用到团体教练当中。

你可以考虑在项目中使用的一些基础练习有：愿景；价值观；视觉化；生活平衡轮；宽容。

你是否还记得我们在第 5 章中讨论过手风琴设计方式的应用和影响？请牢记，哪些练习是必需的，哪些是很好的消磨时间的练习，或者哪些是用来延长项目时间的练习。

在这个附录的结尾部分有一系列的练习活动，你可以从中进行选择，也可以参考你之前编制的清单。

两期活动之间的练习

在两期教练活动之间，你布置了什么任务来帮助参与者深化学习和理解？

在教练过程中，我们经常说教练的真正作用发生在两次教练会谈之间，就是当客户将我们在活动中所讨论的内容运用到生活当中并开始进行探索的时候。

在两期教练活动之间，你为客户安排了什么样的练习帮助客户深化学习和觉察呢？

你能够创造一些什么练习，用于支持客户采取行动和做出改变呢？

根据项目主题和议题的不同，你可以考虑在两期教练活动之间使用不同的练习，包括：日志；调研——让客户就一个问题进行深度思考；请求；挑战；制作拼图；塑造一个形象。

收尾练习

收尾是任何项目中至关重要的一部分，往往也是在项目时间过长时首先被砍掉的部分。在每一期的结尾你都需要安排收尾练习，也包括在项目结尾阶段。

一个高效的收尾活动可以达成以下几个目的：

1. 创造一个框架让客户清楚地知道：

- 他们从项目中学到了什么？
- 关于学习他们收获了什么，例如新的视角 / 洞察等？
- 他们如何将新的收获运用到日常生活和工作当中？

2. 通过论坛让客户建立行动计划并强化他们在项目当中的学习收获。你的客户如何将他们的收获应用于真实的生活当中？

3. 创造一个让客户回顾他们在项目中的学习之旅的机会。

4. 创造一个庆祝圆满结束的机会。

5. 创造一个表达感谢的机会。

收尾练习的案例

在项目当中你使用什么类型的收尾练习活动？当时间不够用的时候，收尾练习是不是你首先砍掉的呢？

为了更好地实施你的下一个项目，我提出了几个建议：

1．单独开发一个行动计划手册，当然也可以将其放在学员手册的结尾，这样可以让学员就他们想要采取的特别行动方案做出承诺。

2．找到学习伙伴。你可以安排学员两两一组或三人一组，讨论大家在项目中的学习收获。为每个小组准备两三个结构化的问题，使他们可以在登记确认阶段进行讨论，例如：

· 到目前为止，你最大的学习收获是：

· 我通过＿＿＿＿＿＿＿整合了我的学习收获和洞察。

· 当前我面临的一些机会有：

· ＿＿＿＿＿＿＿会阻止我整合收获。

· 为得到好的项目成果，我愿意全然投入去做的一件事情是：在项目实施过程中，你要确保为每对伙伴安排充足的时间，以便他们更好地了解彼此，并且设计好他们在什么时间如何再次连接。在项目结束后的几周里，让学习伙伴通过邮件、电话或线下见面来保持联系，讨论他们的收获是如何影响工作和生活的。你也可以让每个小组联系你或其他人，总结成果。

3．收尾圆圈。组织大家围成一个圆圈（可以是虚拟的或真实的），让每一位参与者和大家分享自己最重要的一个收获以及今后如何将其整合到日常的工作和生活当中。

4．自然行走：如果场地允许的话，你可以增加一个有创意的改变，就是让参与者在周围的环境中静静地走5～10分钟，并且让他们从大自然中带一个物品回到教室（例如石头、花、叶子等），然后参与者可以通过讨论他们选择带回教室的物品进行收尾。另外，参与者也可以将这个物品带回家，作为他们学习有所收获和全情投入的纪念。

5．为团体的跟进电话会议确定一个时间：在第4章中我们曾讨论过，在团体教练会议结束之后的第2周、第4周或第6周，你最好举行一次团体教练项目的跟进会议，这样可以让你有机会与大家再次连接，同时还可以与客户们讨论：

· 这个项目已经起到了什么作用？

· 你已经采取了什么行动？

· 你正在如何整合学习收获？

· 目前出现的挑战是什么？

· 目前出现的机会是什么？

在营销你的团体教练项目时，这些信息也是非常有用的（具体可参见第8章）。

6. 为每一期活动设立一个收尾环节：即使你的时间已经很紧张，但是在活动的结尾有一个简要的总结仍然是十分必要的。当时间所剩无几，只有几分钟时间完成一期活动的收尾时，我经常会使用一种快速的收尾方法，就是让大家站在一起围成一个圆圈，然后让每个人用一个词描述相关事宜，比如：

· 如果用一个词描述在本次活动中你的一个收获，那会是什么？

· 如果用一个词描述你在本次活动中的感受，那会是什么？

练习的必需工具——便利贴和索引卡

教练和培训师们经常会问我，在项目中使用起来比较经济实惠的是什么工具。我会回答：你可以放入工具箱中的最便宜的东西就是索引卡。这里有5种在团体教练或培训项目中使用索引卡的方法，当然也适用于与索引卡同尺寸的便利贴。

1. 用于课程设计：索引卡在设计课程时是一个很好的工具。首先请你针对下一个将要交付的项目，花10分钟进行头脑风暴，然后把你头脑中出现的所有想法都记录在卡片上，每个想法只使用一张卡片，内容可以涵盖主题、练习、场地、定价等。当你掏空了所有的心思之后，就把它们摊在地上或一张大桌子上。这时你会看到什么关联呢？你会如何分组呢？

2. 用来破冰：在公司里面以及在线下开展活动时，我最喜欢的一个破冰活动是使用一张大尺寸的索引卡，让参与者把它们折叠一下做成自己的席卡在活动中使用。另外一个选择是，你可以用它们做名牌。我经常会让大家在卡片上写下自己的名字，同时设计自己的徽章或标识。当大家起身进行自我介绍时，可以通过他们的名字和标识介绍自己。这个练习也可以两两组对进行，以便彼此了解得更多。在项目过程中，标识／徽章也是一种很好的回归主题的方式。

3. 用于评估：我运作的项目，除了在结束时有正式评估，并且在整个项目过程当中我都会寻求参与者们的反馈（例如，在每周活动结束时）。我常常会问的三个问题是：什么很有效？下次我们能够做些什么不同的事？你可以带走的收获是什么？对于这个练习，索引卡和便利贴都是非常实用的工具：首先将这三个问题分别写在一张白板纸上，然后给每位参与者发 3 张索引卡，让他们写出每个问题的答案；当大家完成后（通常会用 3 ~ 5 分钟），让每个人将自己的卡片贴在每个问题的下面。这个练习可以轮流做，也可以整个组一起来完成。你还可以让大家都上来读出他们的卡片和贴上他们的卡片。这个练习可以让你从整体上快速地看到什么起了作用、什么实现了、什么还需要调整。参与者也会发现这个练习更具有参与性和互动性。

4. 挖掘预期：如果你没有机会在项目开始之前与参与者进行连接，那就在项目刚刚开始的时候给大家发些索引卡，让他们写下想通过这个项目获得什么收获以及他们对项目的任何期望和担心。你还可以让参与者在做自我介绍时分享这些内容。可以在小组内分享，也可以让每个人把自己的卡片贴在墙上。

5. 用于决策：有时候项目的结构非常松散，这是因为项目所基于的方法论会鼓励参与者来驱动议程，这样索引卡将又一次在活动开始时发挥强大的功能。你先给每个人发两三张索引卡，让他们写下想要探讨的话题或者是想要在项目中解决的问题。作为练习活动，让他们把这些卡片贴在墙上，然后合并同类话题。这也是一个可以在小组内开展得很棒的视觉化练习，能够确保所有的意见都表达出来和被听到。

问题：在下一个项目中，你将会如何使用索引卡或便利贴？

练习案例

下面是几个练习案例的简要汇总，你可以在团体教练中运用这些练习。

· 宣告你的品牌：个人标识；

· 我的愿景；

· 我的价值观；

· 我退休之后的价值观；

· SWOT 分析；

· 日志；

· 收尾圆圈；

· 实践的力量。

通过学习附录中的这一部分，你也将看到为了适应虚拟情境而调整的练习活动。

很多练习都聚焦于如何在团体情境之下创造强有力的个人体验，其中有些也可以调整为更加聚焦于团体发展进程本身，例如愿景、价值观、个人标识和 SWOT 分析。

宣告你的品牌：个人标识

团体规模：4 ~ 20 人。

目的：使在团体中彼此认识的人更加深入地了解每个人的价值，这是对每位团体成员名牌的补充。

准备时间：5 分钟。

引导时间：15 ~ 30 分钟。

所需材料：彩色的记号笔或水笔（至少每人一支），彩色卡片（用于制作标语牌和名牌）。

准备工作：收集所需的材料。

指导原则：这个活动非常适合成员间彼此已经认识的团体，他们可能拥有共同的教练和引导师。这个活动也要求在团体内具备一定的信任程度，你可以在项目的中期阶段使用。

引导师之所以介绍个人品牌或企业标识／品牌／座右铭的概念，是因为这些让他们与众不同。为了开始这个练习，我经常使用的方法是询问团体成员当我说"耐克"的时候他们会想到什么，典型的答复是：耐克的标签或其广告语"Just do it"。

我会先让团体成员设计他们自己在这个项目中的标识牌，然后把这个标识牌放在桌子上或贴在墙上。标识牌／名牌上应该有：

· 他们的名字，在项目当中他们愿意被如何称呼；

· 个人标识或徽章；

· 一句座右铭（这是一条可选项）。

你需要向参与者说明，在活动结束的时候他们需要在团体内进行自我介绍，并且分享和解释他们的标识。

你也可以把指导原则像这样贴出来：画一个标识，它能够代表你是＿＿＿＿＿＿＿＿（填入角色，例如企业主、经理人等）。

要给参与者大约 3 ~ 5 分钟制作他们的卡片，然后让参与者用标识来介绍自己。如果时间允许，每个人 2 ~ 3 分钟，然后你通过提问的方式与他们互动，比如：

· 你们发现了什么？

· 对于这一点你有什么新的发现？

· "x"代表什么？

· 在你生活和工作中的其他方面，这个标识会在哪里出现呢？

对于比较大型的团体，参与者可以先在整个团体内分享自己的名字，然后在小组内分享自己的标识和座右铭。

其他用于总结阶段的提问还有：你的标识代表着什么价值观？这个练习也是介绍或深挖个人和组织价值观的一个好机会。

你可以问问整个团体：

· 在这个练习中大家注意到了什么？

· 大家注意到出现了什么样的主题？

· 存在什么相似的地方？

· 在团体内存在什么样的连接？

· 基于这个练习，作为一个团体，我们还需要讨论些什么？

虚拟环境下的引导：对于电话或网络环境下的项目，你可以提供相似的指导原则，还可以让参与者在他们的练习本上写下个人的标识。

两三分钟之后，你让大家按照虚拟圆圈的顺序介绍自己并描述他们已经画了些什么，假如你们是通过电话实施项目而彼此无法相互看见的话。

在虚拟环境下你除了可以在第一期的活动中使用这个练习，还可以用这个练习来开启另一期活动。

其他调整

这个工具在介绍主题方面也非常有价值，包括介绍个人价值观、个人品牌、市场营销等。如果你将问题调整为"画一个标识来表示你在这个团体中是谁"，那么就可以在团队教练的情境下应用了。

希望、恐惧和幻想

团体规模：5 ~ 30 人。

目的：在项目伊始为参与者创造一个安全的学习环境，也为引导师提供参与者在希望、恐惧和幻想方面的信息，也就是对项目或模块的期待。

准备时间：5 分钟。

引导时间：15 ~ 30 分钟。

引导级别：中级。

材料：白板（每一组都要），记号笔。

指导原则：这个练习的目的是，挖掘出参与者在面对即将到来的项目或者较大的任务时，他们的：

· 希望：你的希望是什么？例如获得特别的收获 / 技能等。

· 恐惧：在培训项目实施过程中或新的任务完成过程中，你担心或者害怕发生的是什么？

· 幻想：在项目实施过程中，你真正期望发生的事情是什么？

这个练习可以在小组内实施，也可以在团体中实施。

如果整个团体的规模比较大，例如超过 12 人，那你就可以将其分成 3 ~ 4 个小组，每个小组单独分享他们自己的希望、恐惧和幻想。请你确保留给每个小组大约 10 分钟的时间，让他们列出自己对这个项目的希望、恐惧和幻想，然后再让大家在整个团体内进行分享。

如果与你共同工作的团体最多是 12 人，那你也可以选择把他们作为一个整体，然后在三块白板上分别写下他们对希望、恐惧和幻想的回应。

这个练习很棒的地方是可以找到参与者在希望和恐惧方面的共性，在幻想部分你可以引入一些有趣的东西。

这个练习提供了一种非常令人激动的方法，就是让教练看到参与者对这个项目的希望，而且可以探讨参与者的哪些期待可以被满足、哪些不能被满足。与此同时，引导师还能了解参与者带到这个项目中的担心和恐惧，并且有机会消除这些不现实的恐惧。

在虚拟环境下的引导：首先贴出问题，然后让每个人写出自己的希望、恐惧和幻想，在 1 ~ 2 分钟之后，邀请他们逐个分享答案。这个也可以作为课前的练习活动，在见面前通过邮件或公告板来分享。

我的愿景

引导时间：1 小时。

目的：作为一个独立的环节，支持个人、团队或组织创建他们的愿景。

参与人数：如果单独使用这个练习，你既可以在小组使用，也可以在团体内使用。

材料：参与者手册上的讲义或者是空白的纸板。

引导经验：中级。

指导原则：这个练习可以作为一个持续 30 ~ 60 分钟的独立环节使用，具体需要多少时间还要取决于对话的范围和团体的规模。

在练习过程中，你要确保为每一位参与者都提供了一张白纸或纸板。这些可以直接包含在参与者的手册中。

你可以将这个练习作为创建个人、团体或组织愿景的一部分，用于阐述团队共同愿景的重要性，或者说明个人愿景对其工作和生活的重要意义。你还可以参考其他资料开发一个关于创建愿景的迷你讲座。

你需要为每个人安排 10 ~ 15 分钟创建他们自己的愿景，可以是画一幅画，带词语或者不带词语都可以。为了激励大家思考个人愿景，你也可以问参与者下面这些问题：

· 你理想中的工作 / 生活 / 环境 / 团队看起来是什么样的？

· 你想让什么围绕在自己的周围？

· 5 年（或者其他时间）之后，你想让你的生活 / 团队 / 组织看起来是什么样子呢？

· 如果你满意了，那你的生活中还需要些什么？如果你能够发挥最高潜能，那你还需要些什么？

· 在你的愿景中你想体现什么价值观？

在创建愿景的结尾，请留出时间让参与者与其他团体成员分享他们的愿景。

如果团体比较大，那就让参与者两两结对分享或者分成小组分享。如果你是在团建的活动中使用这个练习，那要尽量留出足够的时间让团体成员单独分享他们的愿景画面，因为这是创建共同愿景中最为重要的一部分。

在分享结束之后，让参与者在他们的愿景上记录 1 ～ 3 个坚实的行动步骤或者是他们愿意兑现的承诺，目的是让他们在短期内朝着自己的愿景迈进。请你一定要留出时间让每一个成员和每一个小组在团体内分享这些内容。

做些变化：除了画画，你还可以让参与者使用杂志或印刷品来制作拼图。制作拼图常常需要更多的时间，因此你要相应地调整时间安排，也要注意你将需要哪些额外的材料。

如果你将这个练习作为更加宽泛的组织中某个部门团建的一部分，那就让大家创建自己团队／团体的愿景图画，而不是聚焦于个人愿景。对于组织来说，这是一个非常有力量感的过程，他们可以将愿景图画带回到办公室并在将来的项目中使用。更加有趣的是，你还可以把愿景和长远一些的时间线结合起来，观察愿景是如何变化的以及是如何达成的。

我的价值观——方法一

团体规模：最多可达 20 ～ 30 名参与者。

引导级别：高级。

目的：支持参与者探索自己的个人价值观。这个练习可以作为单独的一期活动或者作为单独的模块使用。

准备时间：10 分钟。

引导时间：45 ～ 60 分钟。

所需材料：价值观清单、白板、记号笔。

准备：为每位参与者发一张价值观清单和一支笔。

指导原则：这个活动可以帮助参与者探索自己的个人价值观；反过来，价值观也能够让参与者对生活和工作感到更加满足。

引导师以当下的价值观为例，引入个人价值观的概念。对价值观工作不是很熟悉的引导师需要在这个主题上多做一些研究。

引导师也可以从参与者中邀请一位志愿者，与引导师共同演示价值观探索练习。

引导师还可以在白板上写下一些问题，以便帮助参与者探索他们的价值观，例如：

- 什么真的会让你疯狂？
- 谁是你的英雄？
- 你印象中最深刻的一个生活经验是什么？
- 能够代表你生活的一首歌是什么歌？

引导师应该聆听在讨论过程（大约5分钟）中出现的任何价值观词汇，然后让志愿者在出现的价值观当中挑选一两个核心价值观，接着让志愿者拓展他的核心价值观，目的是为这个特别的价值观提供额外的洞察／信息。最后获得的成果是四五个关键词，这些词能够进一步细化志愿者的核心价值观。

之后你要给整个团体安排5~7分钟，让大家在下一页明确写出他们的核心价值观，接着让团体成员两两一组或三人一组，通过使用你提供的问题来完成自己的价值观探索；当然，也可以进行拓展。

另外的一个学习收获是，让每一位成员确定一两件事情，为了达成目标他们要在下周推进这些事情的进展。这可以让每位学员与自己的学习伙伴共同完成（具体可以参考前文的收尾练习）。

活动分解：

1. 什么是价值观？为什么他们如此重要？（5分钟）
2. 与参与者中的一名志愿者做演示。（10分钟）
3. 向团体介绍这个练习。（2分钟）
4. 价值观的个人头脑风暴。（7分钟）
5. 两人一组，明确核心价值观和行动方案。（每人15分钟或者30分钟）

6. 活动总结。（10分钟）

在活动总结时，你可以问的总结性问题包括：

· 关于你的核心价值观，你发现了什么有趣的或者令你惊讶的事情？

· 你的价值观如何支持你活出满意和富足的人生？

· 这一周你将如何活出你的价值观？

我的核心价值观

1. 价值观：

　　词汇：

　　行动：

2. 价值观：

　　词汇：

　　行动：

3. 价值观：

　　词汇：

　　行动：

4. 价值观：

　　词汇：

　　行动：

5. 价值观：

　　词汇：

　　行动：

我的价值观——方法二

团体规模：无限制。

引导水平：基本。

目的：支持参与者探索自己的价值观。

准备时间：15 分钟。

所需材料：一份价值观检核表，可以是 PDF 或者 Word 版本，也可以放在学员手册里。

指导原则：这个方法对于虚拟形式的团体项目或者电话会议前的准备工作比较有效。

首先把下面的价值观检核表以及相关的问题提供给参与者，让他们在活动开始前完成这个检核表，或者让他们在线上或线下完成。这个过程大约需要 20 分钟。

留出时间给团体成员，让大家讨论：

· 他们最看重的价值观是什么？

· 他们如何活出自己看重的价值观？

· 是什么原因让他们没有活出自己的价值观？

· 没有活出自己的价值观会产生什么影响？

· 他们想做出什么改变？为了改变，他们愿意本周 / 本月 / 本季度承诺做些什么？

表 A1.1　价值观练习案例

（这个练习源自名为"个人价值观"的虚拟静修营，在线下完成需要 20 ~ 30 分钟。）
这些价值观对你来说有多么重要？请认真思考下面的价值观词汇，然后根据重要程度的高、中、低进行排序。

价值观	高	中	低
成就			
优越			
冒险			
平衡			
胜任			
创造			

价值观	高	中	低
公平			
声誉			
家庭			
财务自由			
友谊			
慷慨			
健康			
独立			
影响			
完整			
学习			
忠诚			
自然			
有序			
稳定			
多样性			
其他：			
其他：			

你的前 5 个价值观是？

1.

2.

3.

4.

5.

这些价值观如何体现在你的生活当中？

这些价值观如何体现在你的工作当中？

你做些什么能够更加充分地活出这些价值观？

在下一个月，你将会聚焦在哪一个价值观上并把它活出来？为了达成这个目标，你要做些什么？

SWOT 分析

团体规模：1 个人以上。

引导级别：任何级别。

准备时间：至少需要准备一张空白 SWOT 模板（见表 A1.2）的时间。

引导时间：10 ~ 120 分钟。

所需材料：空白的 SWOT 模板。

表 A1.2　SWOT 分析模板

优势 我最大的财富、天赋和优势是什么？	劣势 我需要关注的劣势是什么？

续表

机遇 什么资源、什么人或什么样的环境可以帮助我向前推进？	威胁 如果不加以注意，什么环境因素会使我偏离计划？

　　SWOT 分析对于个人、团体和组织来说都是非常有用的工具，因为我们可以使用这个工具来清晰地了解、创造和计划自己的工作与生活。事实上，有些人已经花时间弄清楚了自己的 SWOT（优势、劣势、机遇和威胁）。

　　这个练习也可以帮助人们思考：职业生涯转变；团体发展；领导力发展；事业发展。

　　首先要确定你正在哪个层面上与人工作——是个人、团体还是组织？这可以让大家通过一个 SWOT 模板来完成。

　　你可以这样向参与者解释 SWOT："当我们在某某（插入主题，例如职业生涯转变）方面向前推进时，花些时间探索我们在运营时面对的内外部环境是极其有价值的。"

　　优势和劣势是个人、团体或组织的内部事务，例如优势可以是语言沟通能力、清晰的价值观或团体协作，劣势可能包括组织技能或跨部门沟通。请你根据实际的运营情境进行调整。

　　机遇和威胁是个人、团体和组织的外部事务。对于商业人士来说，机遇可能代表着新的业务往来、立法改变或者新的证书颁布。在职业生涯转变方面，机遇可能意味着政府资助的一次再培训、新的雇主建立了一个商店。威胁可能包括经济因素、政府税收、特别的竞争者或者其他的外部力量，他们可能对你的事业或你构成威胁。再一次强调，请你根据自己的实际情况进行调整。

　　如何使用：

　　首先让客户就眼前的议题（例如职业生涯转变、事业发展、领导力发展）

完成 SWOT 模板（见表 A1.2）。

作为跟进，让大家讨论他们在不同的象限中都有什么以及他们需要获得什么技能和资源向前推进。

在这个练习之后，你可以安排一个愿景练习或行动计划练习，这能提醒客户要真实地运用他们的学习收获。

教练可以提出的问题有：

- 什么可能会妨碍你实现这个目标？
- 在这个过程中你能利用什么？
- 你想聚焦在什么领域？
- 为了提升你的优势你需要将谁请到你的团队？

日志

团体规模：任意。

所需时间：可变化。

目的：让客户有机会反思一个议题（例如商业策划、年度计划）。

什么时候你可以使用：在一期活动当中或在两期活动之间。

指导原则：你让客户深度反思一个核心问题，并鼓励他们在一段时间内毫无保留地将反思过程写进他们的日志。

你可以采用询问式或者概括式的问题，例如：

- 我已经学到了什么？我正在学习什么？
- 最为重要的是什么？
- 我想做出什么改变？
- 下一步是什么？
- 选择是什么？
- 有价值的是什么？
- 做_____的代价是什么？

- 不做＿＿＿＿的代价是什么？
- 为什么我能＿＿＿＿？
- 为什么我不能＿＿＿＿？
- 我想创造＿＿＿＿？
- 我想聚焦在＿＿＿＿？

在虚拟环境下的调整

请给你参加线上电话会议的客户留出一些时间，让他们捕捉日志中相互关联的想法，其中可能也包括上面一些问题的答案或者他们将要带走的行动方案。

千万不要等到人们离线后再让大家完成练习，因为在线上写作可以强化大家的社群概念并创造一些特别的东西。

表 A1.3　实践的力量

实践的力量——马洛·尼基拉（共同组织）

目的：弄清楚实践在生活中如何创造了最大的不同以及花时间让事情变得有序是多么的重要。

时间：10 分钟。

所需材料：

- 每人一份疯狂数字表；
- 每人一份按圆圈有序排列的数字表。

分组：这是一项需要每个人单独完成的练习活动，可以在线下使用，也可以在线上使用。

流程：

首先让每位参与者拿出疯狂数字表并将其上下颠倒。当你说"开始"的时候，大家翻转表格，用手指依次指出 1 ~ 40 的数字。在 30 秒之后，你下令让大家停止并记录他们已经数到了哪个数字。让大家重复这个过程 3 ~ 5 次。

接着创造一个机会让大家讨论下面的问题。最后发给每位参与者一张按照圆圈有序排列的数字表，也是先上下颠倒，当听到你说"开始"之后，大家翻转数字表并用手指依次指出数字。记录完成的时间，等大家完成之后让他们告诉你。

讨论的问题：

· 做这个练习时你感觉如何？

· 这个对于整理你的纸张有什么影响？你的生活呢？

· 做这个练习时你是如何与自己对话的？

· 这个活动如何体现了做练习的时候你的感受？

· 你将如何有序应对出现的问题？

· 从这个练习中你收获了什么？

在完成按照圆圈有序排列的数字表之后，你可以问问大家：

· 数这些数字的时候你感觉如何？

· 与前几次最大的不同是什么？

· 从这个活动中你收获了什么？

关键点：

1. 疯狂数字表可以代表我们无比忙碌的生活，我们不知道东西在哪里，也不知道事情已经偏离了轨道，并且我们常常感觉十分疲惫。

2. 当我们花时间让事情变得有序时，生活就变得简单了，我们会感觉到自己好像有了更多的时间和能量（如果数字表示我们每天的小时数，请注意按圆圈有序排列的有 27 个数字）。

3. 这个圆圈或者说"O"代表了有序状态的重要性。

任务：

一定要记住你是如何学习新事物的以及你对自己说了什么。

选项：

你也可以等到活动结束之后再将圆圈数字表发给大家，在下一期活动时，甚至是几周之后，再完成和加强这个练习活动。

疯狂数字表

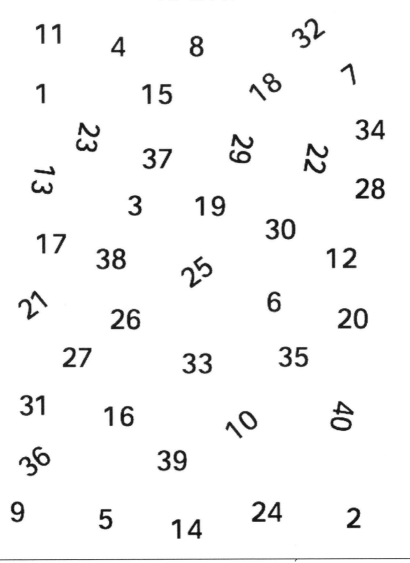

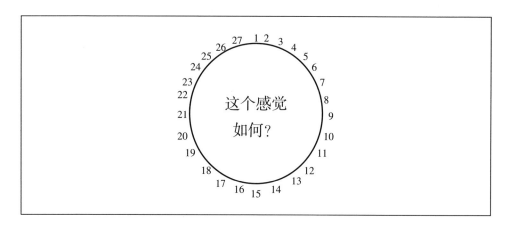

收尾圆圈

团体规模：少于 30 人。

所需时间：5 ~ 15 分钟（具体取决于团体规模）。

目的：针对一天活动的结束或整个项目的结束，做一个快速的口头收尾活动。

所需材料：无。

指导原则：这个练习是一个快速收尾活动，目的是让每位参与者有机会在小组内口头分享他们一天的收获或者在项目中的收获。

你邀请参与者与其他团体成员分享一些关键词，也可以通过安排一些结构化的提问来实现，比如：

我邀请在场的每一位，对今天活动的感觉说一个词。

我邀请在场的每一位分享一个非常重要的新洞察，这个洞察是可以作为你参加今天的活动的一个收获带走的。

作为今天活动的成果，你将会采取一个什么行动呢？

我邀请在场的每位参与者分享一个值得庆祝的收获作为这个项目的结束。

问题是无穷无尽的，请你创造一些属于自己的能够产生最大影响力的问题。

为了使引导变得更加简单，你可以让大家坐着或站着围成一个圈，然后从一个志愿者开始顺时针或逆时针依次分享。

在虚拟环境下的调整

你可以让大家根据他们坐在虚拟桌旁边的位置，依次检核他们的收获。

现场之声：
关于练习的其他视角

面对团体教练客户，你最喜欢使用的练习是什么？

丽塔·维斯：

我喜欢使用 DISC［Dominance（支配性）、Influence（影响性）、Steadiness（稳定性）、Compliance（服从性）］测评来确定参与者偏好的领导风格和沟通风格。一旦人们明确了自己的风格并且理解了其他人的风格，我就将他们按照不同的风格分组，然后让各组向其他组展示下述内容：

· 我们组的风格特征如何？

· 如何影响我们的风格——什么有效，什么会让我们没有感觉？

· 我们更喜欢如何与其他风格的人一起工作？

CPCC 维多利亚·菲茨·米格雷姆：

我喜欢使用"未来自我视觉化"的工具，接着是一个关于客户在未来会成为什么样子的介绍与分享。在小妖这个环节，我喜欢让每位成员扮演他们在特定情形下所面临的小妖。

另一个我经常使用的练习叫作"包肉纸"。当大家在外面行走的时候，我会让大家在一个特别的地方停下来，并且站成一个圈，再让大家拿出自己的纸和记号笔，然后在纸上画出他们在生活中的身体形状。当每一个人画完自己的身体形状之后，我会安排大家两两配对并邀请其中一个伙伴躺在自己的纸上。你会非常惊奇地看到，画下来的身体形状往往要比实际的小很多。这会成为一个真实的隐喻，而且非常有力量。我经常会跟着问这样的问题："在其他什么地方你还会这样小看自己？你在哪里就会是小的状态？"参与者在离开时可以将这张纸和这些问题作为收获带走。

CPCC 海蒂·米歇尔：

我喜欢生活平衡轮——它能够带来即时的和简单的影响，还能让事情动起来。我也会使用一个适合体育教练的平衡轮。我曾经给一个棒球队和一个垒球队做过一个代表精神训练的不同方面的平衡轮。

CPCC 吉尔·麦克迪恩：

我的利基领域是应聘，在我讲解完应对面试的技巧并给出案例之后，我还会让参与者进行练习。我通常会让一名志愿者来回答准备好的问题清单，同时让其他的参与者仔细聆听，然后我会问："对于这个人我们知道了什么，或者因为他的回答我们喜欢他的什么？"我总是会发现有些东西能够使这个人看起来不错而且会面泛红光。这也会减少他们在别人面前的恐惧。这个练习会让他们走向成功，将自己带入被认可的状态。这个练习还可以让每位参与者有机会被认可，并且认可他人。我也非常喜欢使用"未来自我视觉化"和"巅峰体验"来教授如何准备简历。

蓝印集团莫林·克拉克：

创建社群

目标：创建一个学习社区，并且想象我们理想中的工作和生活平衡状态，以及领导者和在职妈妈是什么样子的。在这个大背景下去理解工作和生活的平衡，理解个人和公司的两难困境，以及了解挑战和这些角色的定义。

收获：大家不仅完成了课程活动和阅读任务，还全然投入到了引导师发起的团体讨论之中。

案例分享

当我们走到一起组成一个团体时，非常重要的一点是我们要认识到我们正在创建一个社群，一个由学习者组成的学习社群。在学习社群当中，大家非常看重每个人的优势，同时尊重不同的兴趣、能力、语言和背景。通过我们在某某课程中创建学习社群的经验可知，我们总是会在专家、聆听者和支持者之间不断地进行转换，同时能够彼此学习。随着社群的发展，我们学会了信任彼此和祝贺彼此，我们创建了一个安全的场域，我们成为我们想要成为的那个人。当我们开拓了通往我们所渴望的生活的新道路时，我们就在其中体验到了平衡。

我会问参与者一系列的反思性问题，当他们再次来到团体内时就让他们分享自己的答案。

CPCC、ORSCC 蒂娜·科尔伯特：

在第一次见面的时候，我会让大家在纸上画出团体的星座，即"当下的团体像是什么"，然后再让大家画第二个星座，即"他们期望在团体内发生的是什么"，最后让大家把图画发给我保存。在团体活动快结尾时，我会让大家重复这个练习并且再次让他们把答案发给我。之后我会把两张纸放在一起，制作很多的复印件，然后发给每一个参与者。当他们看到每个人所画的星座时，他们就能够从总体上掌握现在和过去他们都经历了什么。

安·迪顿博士：

我喜欢"强制服务"练习和"强有力的 No"练习，还喜欢使用"旅途线"或相似的"生命线＋分享"练习。

MCC 金格尔·科克汉姆：

慧眼识珠是一个很棒的练习，我已经在一个团体内使用了 6 个月。这个练习可以对每位成员在团体内所展示的优势和价值给予有力的认可。

MCC 玛丽·艾伦：

我喜欢视觉化，它可以让参与者体验到他们的内在平和。

CPCC 艾娃·葛瑞戈利：

我喜欢"如果怎么样"的游戏和"聚焦轨迹"的游戏。"如果怎么样"的游戏可以让你跳出在当下现实中的可能性，然后找到更多的可能性。"聚焦轨迹"的游戏可以让他们离开座位，这样他们就会移动身体并体验正在发生的一切。

表 A1.4　设计你自己的练习活动模板

团体规模：	
所需时间：	
目的：	
所需材料：	
准备：	
指导原则：	

增加一个变化，使其适用于虚拟环境（在此记录虚拟环境下需要考虑的内容）

关于作者

詹妮弗·J.布里顿

詹妮弗·J.布里顿是"潜能实现"公司的创始人。"潜能实现"公司是一家总部在加拿大的专注于绩效提升的公司。詹妮弗与很多团体、团队和组织在领导力、团队协作和商业成功领域进行合作，她的客户来自全球的政府机构、公司和非营利组织，涉及的行业有财务、教育和健康护理等。她也会为普通公众提供一些团体教练项目和静修营。

詹妮弗融合了她之前作为全球经理人、体验式教育者、教练和引导师的经验。在过去的20年里，她交付的团体项目覆盖了18个国家。从2006年开始，詹妮弗通过自己发起的"团体教练要素"项目已经支持了上百位的教练成功创建并实施了他们自己的团体教练项目。

詹妮弗最初是在教练培训学院接受的教练培训并成为认证的CPCC，目前她也是ICF认证的PCC。詹妮弗完成了ORSC和影子教练的高级培训课程，还是认证的行为绩效专家和认证的人力资源专家（Certified Human Resource Professional，CHRP）。詹妮弗拥有麦吉尔大学的环境学硕士学位和心理学学士学位。

联系方式：

邮箱：Info@potentialsrealized.com。

电话：（416）996-TEAM（8326）。

网址：www.petentialsrealized.com，www.groupcoachingessentials.com。

博客：http://groupcoaching.blogspot.com。

在线互动方式：http://tiwtter.com/jennbritton。

图书在版编目（CIP）数据

高绩效团体教练 /（美）詹妮弗·J.布里顿（Jennifer J. Britton）著；李振山译.—
北京：华夏出版社有限公司，2021.5

书名原文：Effective Group Coaching: Tried and Tested Tools and Resources for
Optimum Group Coaching Results

ISBN 978-7-5080-9623-0

I.①高… II.①詹… ②李… III.①组织管理学－研究 IV.①C936

中国版本图书馆 CIP 数据核字(2021)第 054023 号

All Rights Reserved. This translation published under license with the original
publisher John Wiley & Sons, Inc.

高绩效团体教练

作　　者	[美] 詹妮弗·J.布里顿	
译　　者	李振山	
责任编辑	马　颖	
责任印制	刘　洋	

出版发行	华夏出版社有限公司
经　　销	新华书店
印　　刷	三河市万龙印装有限公司
装　　订	三河市万龙印装有限公司
版　　次	2021 年 5 月北京第 1 版　　2021 年 5 月北京第 1 次印刷
开　　本	710×1000　1/16 开
印　　张	19.5
字　　数	228 千字
定　　价	69.00 元

华夏出版社有限公司　　地址：北京市东直门外香河园北里 4 号　邮编：100028
网址：www.hxph.com.cn　　电话：（010）64663331（转）
若发现本版图书有印装质量问题，请与我社营销中心联系调换。